PREFACIO

La colección de guías de conversación para viajar "Todo irá bien" publicada por T&P Books está diseñada para personas que viajan al extranjero para turismo y negocios. Las guías contienen lo más importante - los elementos esenciales para una comunicación básica.Éste es un conjunto de frases imprescindibles para "sobrevivir" mientras está en el extranjero.

Esta guía de conversación le ayudará en la mayoría de los casos donde usted necesite pedir algo, conseguir direcciones, saber cuánto cuesta algo, etc. Puede también resolver situaciones difíciles de la comunicación donde los gestos no pueden ayudar.

Este libro contiene una gran cantidad de frases que han sido agrupadas según los temas más relevantes. Esta edición también incluye un pequeño vocabulario que contiene alrededor de 3.000 de las palabras más frecuentemente usadas.Otra sección de la guía proporciona un glosario gastronómico que le puede ayudar a pedir los alimentos en un restaurante o a comprar comestibles en la tienda.

Llévese la guía de conversación "Todo irá bien" en el camino y tendrá una insustituible compañera de viaje que le ayudará a salir de cualquier situación y le enseñará a no temer hablar con extranjeros.

TABLA DE CONTENIDOS

T&P Books Publishing

Colección de guías de conversación
"¡Todo irá bien!"

T&P Books Publishing

GUÍA DE CONVERSACIÓN

HEBREO

Andrey Taranov

LAS PALABRAS Y LAS FRASES MÁS ÚTILES

Esta Guía de Conversación
contiene las frases y las
preguntas más comunes
necesitadas para una
comunicación básica
con extranjeros

T&P BOOKS

Guía de conversación + diccionario de 3000 palabras

Guía de conversación Español-Hebreo y vocabulario temático de 3000 palabras

por Andrey Taranov

La colección de guías de conversación para viajar "Todo irá bien" publicada por T&P Books está diseñada para personas que viajan al extranjero para turismo y negocios. Las guías contienen lo más importante - los elementos esenciales para una comunicación básica. Éste es un conjunto de frases imprescindibles para "sobrevivir" mientras está en el extranjero.

Este libro también incluye un pequeño vocabulario temático que contiene alrededor de 3.000 de las palabras más frecuentemente usadas. Otra sección de la guía proporciona un glosario gastronómico que le puede ayudar a pedir los alimentos en un restaurante o a comprar comestibles en la tienda.

T&P Books Publishing
www.tpbooks.com

ISBN: 978-1-78716-991-3

Este libro está disponible en formato electrónico o de E-Book también.
Visite www.tpbooks.com o las librerías electrónicas más destacadas en la Red.

PRONUNCIACIÓN

El nombre de la letra	La letra	Ejemplo hebreo	T&P alfabeto fonético	Ejemplo español
Alef	א	אריה	[ɑ], [ɑ:]	altura
	א	אחד	[ɛ], [ɛ:]	buceo
	א	מָאָה	['] (hamza)	oclusiva glotal sorda
Bet	ב	בית	[b]	en barco
Guímel	ג	גמל	[g]	jugada
Guímel+geresh	ג'	ג'ונגל	[dʒ]	jazz
Dálet	ד	דג	[d]	desierto
Hei	ה	הר	[h]	registro
Vav	ו	וסת	[v]	travieso
Zayn	ז	זאב	[z]	desde
Zayn+geresh	ז'	ז'ורנל	[ʒ]	adyacente
Jet	ח	חוט	[x]	reloj
Tet	ט	טוב	[t]	torre
Yod	י	יום	[j]	asiento
Kaf	ך כ	בריש	[k]	charco
Lámed	ל	לחם	[l]	lira
Mem	ם מ	מלך	[m]	nombre
Nun	ן ג	נר	[n]	número
Sámaj	ס	סוס	[s]	salva
Ayin	ע	עין	[ɑ], [ɑ:]	altura
	ע	חָשְׁעִים	['] (ayn)	fricativa faríngea sonora
Pei	ף פ	פיל	[p]	precio
Tzadi	צ ץ	צעצוע	[ts]	tsunami
Tzadi+geresh	צ'ץ'	צ'ק	[tʃ]	mapache
Qof	ק	קוף	[k]	charco
Resh	ר	רכבת	[r]	R francesa (gutural)
Shin	ש	שלחן, עָשְׁרִים	[s], [ʃ]	salva, shopping
Taf	ת	תפוז	[t]	torre

LISTA DE ABREVIATURAS

hombre	- hablando a un hombre
mujer	- hablando a una mujer
hombre	- un hombre habla
hombre hombre	- un hombre habla con un hombre
hombre mujer	- un hombre habla con una mujer
mujer	- una mujer habla
mujer hombre	- una mujer habla con un hombre
mujer mulher	- una mujer habla con una mujer
mujeres	- unas mujeres están hablando
pareja, hombres	- una pareja o unos hombres hablan

Abreviatura en español

adj	- adjetivo
adv	- adverbio
anim.	- animado
conj	- conjunción
etc.	- etcétera
f	- sustantivo femenino
f pl	- femenino plural
fam.	- uso familiar
fem.	- femenino
form.	- uso formal
inanim.	- inanimado
innum.	- innumerable
m	- sustantivo masculino
m pl	- masculino plural
m, f	- masculino, femenino
masc.	- masculino
mat	- matemáticas
mil.	- militar
num.	- numerable
p.ej.	- por ejemplo
pl	- plural
pron	- pronombre
sg	- singular

v aux	-	verbo auxiliar
vi	-	verbo intransitivo
vi, vt	-	verbo intransitivo, verbo transitivo
vr	-	verbo reflexivo
vt	-	verbo transitivo

Abreviatura en hebreo

ז	-	masculino
ז"ר	-	masculino plural
ז , נ	-	masculino, femenino
נ	-	femenino
נ"ר	-	femenino plural

T&P BOOKS

GUÍA DE CONVERSACIÓN HEBREO

Esta sección contiene frases
importantes que pueden
resultar útiles en varias
situaciones de la vida real.
La Guía le ayudará a pedir
direcciones, aclaración
sobre precio, comprar billetes,
y pedir alimentos en un
restaurante

T&P Books Publishing

CONTENIDO DE LA GUÍA DE CONVERSACIÓN

T&P Books Publishing

Perdone, ... (⇨ hombre)	slaχ li, ... סלח לי, ...
Perdone, ... (⇨ mujer)	silχi li, ... סלחי לי, ...
Hola.	ʃalom. שלום.
Gracias.	toda. תודה.
Sí.	ken. כן.
No.	lo. לא.
No lo sé. (hombre ⇨)	ani lo yo'de'a. אני לא יודע.
No lo sé. (mujer ⇨)	ani lo yo'da'at. אני לא יודעת.
¿Dónde? | ¿A dónde? | ¿Cuándo?	eifo? | le'an? | matai? איפה? | לאן? | מתי?

Necesito ... (hombre ⇨)	ani tsariχ ... אני צריך ...
Necesito ... (mujer ⇨)	ani tsriχa ... אני צריכה ...
Quiero ... (hombre ⇨)	ani rotse ... אני רוצה ...
Quiero ... (mujer ⇨)	ani rotsa ... אני רוצה ...
¿Tiene ...? (⇨ hombre)	ha'im yeʃ leχa ...? האם יש לך ...?
¿Tiene ...? (⇨ mujer)	ha'im yeʃ laχ ...? האם יש לך ...?
¿Hay ... por aquí?	ha'im yeʃ po ...? האם יש פה ...?
¿Puedo ...? (hombre ⇨)	ha'im ani yaχol ...? האם אני יכול ...?
¿Puedo ...? (mujer ⇨)	ha'im ani yeχola ...? האם אני יכולה ...?
..., por favor? (petición educada)	..., bevakaʃa בבקשה, ...

Busco ... (hombre ⇨)	ani meχapes ... אני מחפש ...
Busco ... (mujer ⇨)	ani meχa'peset ... אני מחפשת ...

el servicio	ʃerutim
	שירותים
un cajero automático	kaspomat
	כספומט
una farmacia	beit mer'kaχat
	בית מרקחת
el hospital	beit χolim
	בית חולים
la comisaría	taχanat miʃtara
	תחנת משטרה
el metro	ra'kevet taχtit
	רכבת תחתית
un taxi	monit, 'teksi
	מונית, טקסי
la estación de tren	taχanat ra'kevet
	תחנת רכבת

Me llamo ...	kor'im li ...
	קוראים לי ...
¿Cómo se llama? (⇨ hombre)	eiχ kor'im leχa?
	איך קוראים לך?
¿Cómo se llama? (⇨ mujer)	eiχ kor'im laχ?
	איך קוראים לך?

¿Puede ayudarme, por favor? (⇨ hombre)	ha'im ata yaχol la'azor li?
	האם אתה יכול לעזור לי?
¿Puede ayudarme, por favor? (⇨ mujer)	ha'im at yeχola la'azor li?
	האם את יכולה לעזור לי?
Tengo un problema.	yeʃ li be'aya.
	יש לי בעייה.
Me encuentro mal. (hombre ⇨)	ani lo margiʃ tov.
	אני לא מרגיש טוב.
Me encuentro mal. (mujer ⇨)	ani lo margiʃa tov.
	אני לא מרגישה טוב.

¡Llame a una ambulancia! (⇨ hombre)	hazmen 'ambulans!
	הזמן אמבולנס!
¡Llame a una ambulancia! (⇨ mujer)	haz'mini 'ambulans!
	הזמיני אמבולנס!
¿Puedo llamar, por favor? (hombre ⇨)	ha'im ani yaχol lehitkaʃer?
	האם אני יכול להתקשר?
¿Puedo llamar, por favor? (mujer ⇨)	ha'im ani yeχola lehitkaʃer?
	האם אני יכולה להתקשר?

Lo siento. (hombre ⇨)	ani mitsta'er.
	אני מצטער.
Lo siento. (mujer ⇨)	ani mitsta"eret.
	אני מצטערת.
De nada.	ein be'ad ma, bevakaʃa.
	אין בעד מה, בבקשה.
Yo	ani
	אני

tú (masc.)	ata אתה
tú (fem.)	at את
él	hu הוא
ella	hi היא
ellos	hem הם
ellas	hen הן
nosotros /nosotras/	a'naχnu אנחנו
ustedes, vosotros (masc.)	atem אתם
ustedes, vosotras (fem.)	aten אתן
usted (masc.)	ata אתה
usted (fem.)	at את

ENTRADA	knisa כניסה
SALIDA	yetsi'a יציאה
FUERA DE SERVICIO	lo po'el לא פועל
CERRADO	sagur סגור
ABIERTO	pa'tuaχ פתוח
PARA SEÑORAS	lenaʃim לנשים
PARA CABALLEROS	ligvarim לגברים

Preguntas

¿Dónde?
eifo?
איפה?

¿A dónde?
le'an?
לאן?

¿De dónde?
me"eifo?
מאיפה?

¿Por qué?
lama?
למה?

¿Con que razón?
me"eizo siba?
מאיזו סיבה?

¿Cuándo?
matai?
מתי?

¿Cuánto tiempo?
kama zman?
כמה זמן?

¿A qué hora?
be"eizo ʃaʻa?
באיזו שעה?

¿Cuánto?
kama?
כמה?

¿Tiene …? (⇨ hombre)
ha'im yeʃ leχa …?
האם יש לך ?...

¿Tiene …? (⇨ mujer)
ha'im yeʃ laχ …?
האם יש לך ?...

¿Dónde está …?
eifo …?
איפה ?...

¿Qué hora es?
ma haʃaʻa?
מה השעה?

¿Puedo llamar, por favor? (hombre ⇨)
ha'im ani yaχol lehitkaʃer?
האם אני יכול להתקשר?

¿Puedo llamar, por favor? (mujer ⇨)
ha'im ani yeχola lehitkaʃer?
האם אני יכולה להתקשר?

¿Quién es?
mi ʃam?
מי שם?

¿Se puede fumar aquí?
ha'im mutar le'aʃen kan?
האם מותר לעשן כאן?

¿Puedo …? (hombre ⇨)
ha'im ani yaχol …?
האם אני יכול ?...

¿Puedo …? (mujer ⇨)
ha'im ani yeχola …?
האם אני יכולה ?...

Necesidades

Quisiera … (hombre ⇨)	ha'yiti rotse … הייתי רוצה ...
Quisiera … (mujer ⇨)	ha'yiti rotsa … הייתי רוצה ...
No quiero … (hombre ⇨)	ani lo rotse … אני לא רוצה ...
No quiero … (mujer ⇨)	ani lo rotsa … אני לא רוצה ...
Tengo sed. (hombre ⇨)	ani tsame. אני צמא.
Tengo sed. (mujer ⇨)	ani tsme'a. אני צמאה.
Tengo sueño.	ani rotse lishon. אני רוצה לישון.

Quiero … (hombre ⇨)	ani rotse … אני רוצה ...
Quiero … (mujer ⇨)	ani rotsa … אני רוצה ...
lavarme	lishtof panim veya'dayim לשטוף פנים וידיים
cepillarme los dientes	letsaχ'tseaχ ʃi'nayim לצחצח שיניים
descansar un momento	la'nuaχ ktsat לנוח קצת
cambiarme de ropa	lehaχlif bgadim להחליף בגדים
volver al hotel	laχazor lamalon לחזור למלון
comprar …	liknot … לקנות ...
ir a …	la'leχet le … ללכת ל ...
visitar …	levaker be … לבקר ב ...
quedar con …	lehipageʃ im … להיפגש עם ...
hacer una llamada	letalfen, lehitkaʃer לטלפן, להתקשר

Estoy cansado. (hombre ⇨)	ani ayef. אני עייף.
Estoy cansada. (mujer ⇨)	ani ayefa. אני עייפה.

Estamos cansados. (pareja, hombres ⇨)	a'naχnu ayefim.
	.אנחנו עייפים
Estamos cansadas. (mujeres ⇨)	anaχnu ayefot.
	.אנחנו עייפות
Tengo frío.	kar li.
	.קר לי
Tengo calor.	χam li.
	.חם לי
Estoy bien.	ani be'seder.
	.אני בסדר

Tengo que hacer una llamada. (hombre ⇨)	ani tsariχ lehitkaʃer.
	.אני צריך להתקשר
Tengo que hacer una llamada. (mujer ⇨)	ani tsriχa lehitkaʃer.
	.אני צריכה להתקשר
Necesito ir al servicio. (hombre ⇨)	ani tsariχ leʃerutim.
	.אני צריך ללכת לשירותים
Necesito ir al servicio. (mujer ⇨)	ani tsriχa leʃerutim.
	.אני צריכה ללכת לשירותים
Me tengo que ir. (hombre ⇨)	ani tsariχ la'leχet.
	.אני צריך ללכת
Me tengo que ir. (mujer ⇨)	ani tsriχa la'leχet.
	.אני צריכה ללכת
Me tengo que ir ahora. (hombre ⇨)	ani χayav la'leχet aχʃav.
	.אני חייב ללכת עכשיו
Me tengo que ir ahora. (mujer ⇨)	ani χa'yevet la'leχet aχʃav.
	.אני חייבת ללכת עכשיו

Preguntar por direcciones

Perdone, ... (hombre ⇨)	slaχ li, ... סלח לי ... ,
Perdone, ... (mujer ⇨)	silχi li, ... סלחי לי ... ,
¿Dónde está ...?	eifo ...? איפה ...?
¿Por dónde está ...?	eiχ megi'im le ...? איך מגיעים ל ?...
¿Puede ayudarme, por favor? (⇨ hombre)	ha'im ata yaχol la'azor li, bevakaʃa? האם אתה יכול לעזור לי, בבקשה?
¿Puede ayudarme, por favor? (⇨ mujer)	ha'im at yeχola la'azor li, bevakaʃa? האם את יכולה לעזור לי, בבקשה?

Busco ... (hombre ⇨)	ani meχapes ... אני מחפש ...
Busco ... (mujer ⇨)	ani meχa'peset ... אני מחפשת ...
Busco la salida. (hombre ⇨)	ani meχapes et hayetsi'a. אני מחפש את היציאה.
Busco la salida. (mujer ⇨)	ani meχa'peset et hayetsi'a. אני מחפשת את היציאה.
Voy a ... (hombre ⇨)	ani holeχ le ... אני הולך ל ...
Voy a ... (mujer ⇨)	ani ho'leχet le ... אני הולכת ל ...
¿Voy bien por aquí para ...?	ha'im ani bakivun hanaχon le ...? האם אני בכיוון הנכון ל ?...

¿Está lejos?	ha'im ze raχok? האם זה רחוק?
¿Puedo llegar a pie?	ha'im efʃar leha'gi'a leʃam ba'regel? האם אפשר להגיע לשם ברגל?
¿Puede mostrarme en el mapa? (⇨ hombre)	ha'im ata yaχol lehar'ot li al hamapa? האם אתה יכול להראות לי על המפה?
¿Puede mostrarme en el mapa? (⇨ mujer)	ha'im at yeχola lehar'ot li al hamapa? האם את יכולה להראות לי על המפה?
Por favor muestreme dónde estamos. (⇨ hombre)	harʔe li heiχan 'anu nimtsa'im aχʃav. הראה לי היכן אנו נמצאים עכשיו.
Por favor muestreme dónde estamos. (⇨ mujer)	harʔi li heiχan 'anu nimtsa'im aχʃav. הראי לי היכן אנו נמצאים עכשיו.
Aquí	kan, po כאן, פה
Allí	ʃam שם

Por aquí	lekan
	לכאן
Gire a la derecha. (⇨ hombre)	pne ya'mina.
	פנה ימינה.
Gire a la derecha. (⇨ mujer)	pni ya'mina.
	פני ימינה.
Gire a la izquierda. (⇨ hombre)	pne 'smola.
	פנה שמאלה.
Gire a la izquierda. (⇨ mujer)	pni 'smola.
	פני שמאלה.
la primera (segunda, tercera) calle	pniya riʃona (ʃniya, ʃliʃit)
	פנייה ראשונה (שנייה, שלישית)
a la derecha	ya'mina
	ימינה
a la izquierda	smola
	שמאלה
Siga recto. (⇨ hombre)	leχ yaʃar.
	לך ישר.
Siga recto. (⇨ mujer)	leχi yaʃar.
	לכי ישר.

Carteles

¡BIENVENIDO!	bruχim haba'im! **ברוכים הבאים!**
ENTRADA	knisa **כניסה**
SALIDA	yetsi'a **יציאה**

EMPUJAR	dχof **דחוף**
TIRAR	mʃoχ **משוך**
ABIERTO	pa'tuaχ **פתוח**
CERRADO	sagur **סגור**

PARA SEÑORAS	lenaʃim **לנשים**
PARA CABALLEROS	ligvarim **לגברים**
CABALLEROS	gvarim **גברים**
SEÑORAS	naʃim **נשים**

REBAJAS	hanaχot **הנחות**
VENTA	mivtsa **מבצע**
GRATIS	χinam, beχinam **חינם, בחינם**
¡NUEVO!	χadaʃ! **חדש!**
ATENCIÓN	sim lev! **שים לב!**

COMPLETO	ein mekomot pnuyim **אין מקומות פנויים**
RESERVADO	ʃamur **שמור**
ADMINISTRACIÓN	hanhala **הנהלה**
SÓLO PERSONAL AUTORIZADO	le'ovdim bilvad **לעובדים בלבד**

CUIDADO CON EL PERRO	zehirut, 'kelev! זהירות כלב!
NO FUMAR	asur leʻaʃen! אסור לעשן!
NO TOCAR	asur laʻgaʻat! אסור לגעת!

PELIGROSO	mesukan מסוכן
PELIGRO	sakana סכנה
ALTA TENSIÓN	metaχ gaʻvoha מתח גבוה
PROHIBIDO BAÑARSE	asur lisχot! אסור לשחות!

FUERA DE SERVICIO	lo poʻel לא פועל
INFLAMABLE	dalik דליק
PROHIBIDO	asur אסור
PROHIBIDO EL PASO	ein maʻavar אין מעבר
RECIÉN PINTADO	tseva laχ, 'tseva tari צבע לח, צבע טרי

CERRADO POR RENOVACIÓN	sagur leʃiputsim סגור לשיפוצים
EN OBRAS	avodot bakviʃ עבודות בכביש
DESVÍO	maʻakaf מעקף

Transporte. Frases generales

el avión	matos מטוס
el tren	ra'kevet רכבת
el bus	'otobus אוטובוס
el ferry	ma'a'boret מעבורת
el taxi	monit מונית
el coche	meχonit מכונית

el horario	luaχ zmanim לוח זמנים
¿Dónde puedo ver el horario?	heiχan efʃar lir'ot et 'luaχ hazmanim? היכן אפשר לראות את לוח הזמנים?
días laborables	yemei avoda ימי עבודה
fines de semana	sofei ʃa'vu'a סופי שבוע
días festivos	χagim חגים

SALIDA	hamra'a המראה
LLEGADA	neχita נחיתה
RETRASADO	ikuv עיכוב
CANCELADO	bitul ביטול

siguiente (tren, etc.)	haba /haba'a/ הבא /הבאה/
primero	riʃon /riʃona/ ראשון /ראשונה/
último	aχaron /aχrona/ אחרון /אחרונה/

¿Cuándo pasa el siguiente ...?	matai ha ... haba /haba'a/? מתי ה ... הבא /הבאה/?
¿Cuándo pasa el primer ...?	matai ha ... hariʃon /hariʃona/? מתי ה ... הראשון /הראשונה/?

¿Cuándo pasa el último …?	matai ha … ha'aẋaron /ha'aẋrona/? **?מתי ה ... האחרון /האחרונה/**
el trasbordo (cambio de trenes, etc.)	haẋlafa, ko'nekʃen **החלפה, קונקשן**
hacer un trasbordo	la'asot haẋlafa **לעשות החלפה**
¿Tengo que hacer un trasbordo? (hombre ⇨)	ha'im ani tsariẋ la'asot haẋlafa? **?האם אני צריך לעשות החלפה**
¿Tengo que hacer un trasbordo? (mujer ⇨)	ha'im ani tsriẋa la'asot haẋlafa? **?האם אני צריכה לעשות החלפה**

Comprar billetes

¿Dónde puedo comprar un billete?	heiχan eʃʃar liknot kartisim? היכן אפשר לקנות כרטיסים?
el billete	kartis כרטיס
comprar un billete	liknot kartis לקנות כרטיס
precio del billete	meχir kartis מחיר כרטיס

¿Para dónde?	le'an? ?לאן
¿A qué estación?	le"eizo taχana? ?לאיזו תחנה
Necesito … (hombre ⇨)	ani tsariχ … … אני צריך
Necesito … (mujer ⇨)	ani tsriχa … … אני צריכה
un billete	kartis eχad כרטיס אחד
dos billetes	ʃnei kartisim שני כרטיסים
tres billetes	ʃloʃa kartisim שלושה כרטיסים
sólo ida	kivun eχad כיוון אחד
ida y vuelta	haloχ vaʃov הלוך ושוב
en primera (primera clase)	maχlaka riʃona מחלקה ראשונה
en segunda (segunda clase)	maχlaka ʃniya מחלקה שנייה
hoy	hayom היום
mañana	maχar מחר
pasado mañana	maχara'tayim מחרתיים
por la mañana	ba'boker בבוקר
por la tarde	aχar hatsaha'rayim אחר הצהריים
por la noche	ba"erev בערב

asiento de pasillo

moʃav bama'avar
מושב במעבר

asiento de ventanilla

moʃav leyad haχalon
מושב ליד החלון

¿Cuánto cuesta?

kama?
כמה?

¿Puedo pagar con tarjeta?

ha'im efʃar leʃalem bekatrtis aʃrai?
האם אפשר לשלם בכרטיס אשראי?

Autobús

el autobús	'otobus
	אוטובוס
el autobús interurbano	'otobus bein ironi
	אוטובוס בין-עירוני
la parada de autobús	taχanat 'otobus
	תחנת אוטובוס
¿Dónde está la parada de autobuses más cercana?	eifo taχanat ha''otobus hakrova beyoter?
	איפה תחנת האוטובוס הקרובה ביותר?

número	mispar
	מספר
¿Qué autobús tengo que tomar para ...?	eize 'otobus tsariχ la'kaχat kedei leha'giʻa le...?
	איזה אוטובוס צריך לקחת כדי
	להגיע ל?...
¿Este autobús va a ...?	ha'im ha''otobus haze ma'giʻa le ...?
	האם האוטובוס הזה מגיע על ל ?...
¿Cada cuanto pasa el autobús?	ma hatadirut ʃel haʾoto'busim?
	מה התדירות של האוטובוסים?

cada 15 minutos	kol χameʃ esre dakot
	כל חמש עשרה דקות
cada media hora	kol χatsi ʃaʻa
	כל חצי שעה
cada hora	kol ʃaʻa
	כל שעה
varias veces al día	mispar peʻamim beyom
	מספר פעמים ביום
... veces al día	... peʻamim beyom
	... פעמים ביום

el horario	luaχ zmanim
	לוח זמנים
¿Dónde puedo ver el horario?	heiχan efʃar lirʾot et 'luaχ hazmanim?
	היכן אפשר לראות את לוח הזמנים?
¿Cuándo pasa el siguiente autobús?	matai ha''otobus haba?
	מתי האוטובוס הבא?
¿Cuándo pasa el primer autobús?	matai ha''otobus hariʃon?
	מתי האוטובוס הראשון?
¿Cuándo pasa el último autobús?	matai ha''otobus ha'aχaron?
	מתי האוטובוס האחרון?

la parada

taχanat atsira
תחנת עצירה

la siguiente parada

hataχana haba'a
התחנה הבאה

la última parada

taχana aχrona
תחנה אחרונה

Pare aquí, por favor. (⇨ hombre)

atsor kan, bevakaʃa.
עצור כאן, בבקשה.

Pare aquí, por favor. (⇨ mujer)

itsri kan, bevakaʃa.
עצרי כאן, בבקשה.

Perdone, esta es mi parada. (⇨ hombre)

slaχ li, zo hataχana ʃeli.
סלח לי, זו התחנה שלי.

Perdone, esta es mi parada. (⇨ mujer)

silχi li, zo hataχana ʃeli.
סלחי לי, זו התחנה שלי.

Tren

el tren	ra'kevet
	רכבת
el tren de cercanías	ra'kevet parvarim
	רכבת פרברים
el tren de larga distancia	ra'kevet bein ironit
	רכבת בין-עירונית
la estación de tren	taχanat ra'kevet
	תחנת רכבת
Perdone, ¿dónde está	slaχ li, 'eifo hayetsi'a laratsif?
la salida al anden? (⇨ hombre)	סלח לי, איפה היציאה לרציף?
Perdone, ¿dónde está	silχi li, 'eifo hayetsi'a laratsif?
la salida al anden? (⇨ mujer)	סלחי לי, איפה היציאה לרציף?

¿Este tren va a ...?	ha'im hara'kevet hazo megi'a le ...?
	האם הרכבת הזו מגיעה ל ...?
el siguiente tren	hara'kevet haba'a
	הרכבת הבאה
¿Cuándo pasa el siguiente tren?	matai hara'kevet haba'a?
	מתי הרכבת הבאה?
¿Dónde puedo ver el horario?	heiχan efʃar lir'ot et 'luaχ hazmanim?
	היכן אפשר לראות את לוח הזמנים?
¿De qué andén?	me''eize ratsif?
	מאיזה רציף?
¿Cuándo llega el tren a ...?	matai hara'kevet megi'a le ...?
	מתי הרכבת מגיעה ל ...?

Ayudeme, por favor. (⇨ hombre)	azor li bevakaʃa.
	עזור לי בבקשה.
Ayudeme, por favor. (⇨ mujer)	izri li bevakaʃa.
	עזרי לי בבקשה.
Busco mi asiento. (hombre ⇨)	ani meχapes et hamoʃav ʃeli.
	אני מחפש את המושב שלי.
Busco mi asiento. (mujer ⇨)	ani meχa'peset et hamoʃav ʃeli.
	אני מחפשת את המושב שלי.
Buscamos nuestros asientos. (pareja, hombres ⇨)	anu meχapsim et hamoʃavim ʃe'lanu
	אנו מחפשים את המושבים שלנו.
Buscamos nuestros asientos. (mujeres ⇨)	anu meχapsot et hamoʃavim ʃe'lanu
	אנו מחפשות את המושבים שלנו.
Mi asiento está ocupado.	hamoʃav ʃeli tafus.
	המושב שלי תפוס.
Nuestros asientos están ocupados.	hamoʃavim ʃe'lanu tfusim.
	המושבים שלנו תפוסים.

Perdone, pero ese es mi asiento. (hombre ⇨)

ani mitsta'er, aval ze hamoʃav ʃeli.
אני מצטער, אבל זה המושב שלי.

Perdone, pero ese es mi asiento. (mujer ⇨)

ani mitsta"eret, aval ze hamoʃav ʃeli.
אני מצטערת, אבל זה המושב שלי.

¿Está libre?

ha'im hamoʃav haze tafus?
האם המושב הזה תפוס?

¿Puedo sentarme aquí? (hombre ⇨)

ha'im ani yaxol la'ʃevet kan?
האם אני יכול לשבת כאן?

¿Puedo sentarme aquí? (mujer ⇨)

ha'im ani yexola laʃevet kan?
האם אני יכולה לשבת כאן?

En el tren. Diálogo (Sin billete)

Su billete, por favor.	kartis, bevakaʃa. כרטיס, בבקשה.
No tengo billete.	ein li kartis. אין לי כרטיס.
He perdido mi billete.	i'badti et hakartis ʃeli. איבדתי את הכרטיס שלי.
He olvidado mi billete en casa.	ʃa'χaχti et hakartis ʃeli ba'bayit שכחתי את הכרטיס שלי בבית.

Le puedo vender un billete. (⇨ hombre)	ata yaχol liknot kartis mi'meni. אתה יכול לקנות כרטיס ממני.
Le puedo vender un billete. (⇨ mujer)	at yeχola liknot kartis mi'meni. את יכולה לקנות כרטיס ממני.
También deberá pagar una multa. (⇨ hombre)	titstareχ gam leʃalem knas. תצטרך גם לשלם קנס.
También deberá pagar una multa. (⇨ mujer)	titstarχi gam leʃalem knas. תצטרכי גם לשלם קנס.
Vale.	okei. אוקיי.
¿A dónde va usted? (⇨ hombre)	le'an ata no'se'a? לאן אתה נוסע?
¿A dónde va usted? (⇨ mujer)	le'an at nos'a'at? לאן את נוסעת?
Voy a … (hombre ⇨)	ani no'se'a le … אני נוסע ל ...
Voy a … (mujer ⇨)	ani nos'a'at le … אני נוסעת ל ...

¿Cuánto es? No lo entiendo. (hombre ⇨)	kama? ani lo mevin. כמה? אני לא מבין.
¿Cuánto es? No lo entiendo. (mujer ⇨)	kama? ani lo mevina. כמה? אני לא מבינה.
Escríbalo, por favor. (⇨ hombre)	ktov li et ze, bevakaʃa. כתוב לי את זה, בבקשה.
Escríbalo, por favor. (⇨ mujer)	kitvi li et ze, bevakaʃa. כתבי לי את זה, בבקשה.
Vale. ¿Puedo pagar con tarjeta?	okei. ha'im efʃar leʃalem bekartis aʃrai? אוקיי. האם אפשר לשלם בכרטיס אשראי?
Sí, puede.	ken, efʃar. כן, אפשר.
Aquí está su recibo. (⇨ hombre)	hine hakabala ʃelχa. הנה הקבלה שלך.
Aquí está su recibo. (⇨ mujer)	hine hakabala ʃelaχ' הינה הקבלה שלך

Disculpe por la multa. (hombre ⇨)

ani mitsta'er be'kefer laknas.
אני מצטער בקשר לקנס.

Disculpe por la multa. (mujer ⇨)

ani mitsta"eret be'kefer laknas.
אני מצטערת בקשר לקנס.

No pasa nada. Fue culpa mía.

ze be'seder. zo afmati.
זה בסדר. זו אשמתי.

Disfrute su viaje.

tiyul mehane.
טיול מהנה.

Taxi

taxi	monit מונית
taxista (masc.)	nahag monit נהג מונית
taxista (fem.)	na'heget monit נהגת מונית
coger un taxi	litpos monit לתפוס מונית
parada de taxis	taxanat moniyot תחנת מוניות
¿Dónde puedo coger un taxi?	eifo eʃʃar la'kaxat monit? איפה אפשר לקחת מונית?

llamar a un taxi	lehazmin monit להזמין מונית
Necesito un taxi. (hombre ⇨)	ani tsarix monit אני צריך מונית
Necesito un taxi. (mujer ⇨)	ani tsrixa monit אני צריכה מונית
Ahora mismo.	axʃav. עכשיו.
¿Cuál es su dirección? (⇨ hombre)	ma ha'ktovet ʃelxa? מה הכתובת שלך?
¿Cuál es su dirección? (⇨ mujer)	ma ha'ktovet ʃelax? מה הכתובת שלך?
Mi dirección es …	ha'ktovet ʃeli hi … הכתובת שלי היא …
¿Cuál es el destino? (⇨ hombre)	le'an ata no'se'a? לאן אתה נוסע?
¿Cuál es el destino? (⇨ mujer)	le'an at nos'aˤat? לאן את נוסעת?

Perdone, … (⇨ hombre)	slax li, … סלח לי, …
Perdone, … (⇨ mujer)	silxi li, … סלחי לי, …
¿Está libre? (⇨ hombre)	ha'im ata panui? האם אתה פנוי?
¿Está libre? (⇨ mujer)	ha'im at pnuya? האם את פנויה?
¿Cuánto cuesta ir a …?	kama ze ole lin'so'a le …? כמה זה עולה לנסוע ל …?
¿Sabe usted dónde está? (⇨ hombre)	ha'im ata yo'de'a 'eifo ze? האם אתה יודע איפה זה?

¿Sabe usted dónde está? (⇨ mujer)

ha'im at yod'a'at 'eifo ze?
האם את יודעת איפה זה?

Al aeropuerto, por favor.

lisde hate'ufa, bevaka∫a.
לשדה התעופה, בבקשה.

Pare aquí, por favor. (⇨ hombre)

atsor kan, bevaka∫a.
עצור כאן, בבקשה.

Pare aquí, por favor. (⇨ mujer)

itsri kan, bevaka∫a.
עצרי כאן, בבקשה.

No es aquí.

ze lo kan.
זה לא כאן.

La dirección no es correcta.

zo lo ha'ktovet hanexona.
זו לא הכתובת הנכונה.

Gire a la izquierda. (⇨ hombre)

pne 'smola.
פנה שמאלה.

Gire a la izquierda. (⇨ mujer)

pni 'smola.
פני שמאלה.

Gire a la derecha. (⇨ hombre)

pne ya'mina.
פנה ימינה.

Gire a la derecha. (⇨ mujer)

pni ya'mina.
פני ימינה.

¿Cuánto le debo? (hombre ⇨)

kama me'gi'a lexa?
כמה מגיע לך?

¿Cuánto le debo? (mujer ⇨)

kama me'gi'a lax?
כמה מגיע לך?

¿Me da un recibo, por favor?

e∫ar lekabel kabala, bevaka∫a?
אפשר לקבל קבלה, בבקשה?

Quédese con el cambio. (⇨ hombre)

∫mor et ha"odef.
שמור את העודף.

Quédese con el cambio. (⇨ mujer)

∫imri et ha"odef.
שמרי את העודף.

Espéreme, por favor. (⇨ hombre)

ha'im ata muxan lexakot li, bevaka∫a?
האם אתה מוכן לחכות לי, בבקשה?

Espéreme, por favor. (⇨ mujer)

ha'im at muxana lexakot li, bevaka∫a?
האם את מוכנה לחכות לי, בבקשה?

cinco minutos

xame∫ dakot
חמש דקות

diez minutos

eser dakot
עשר דקות

quince minutos

xame∫ esre dakot
חמש עשרה דקות

veinte minutos

esrim dakot
עשרים דקות

media hora

xatsi ∫a'a
חצי שעה

Hotel

Hola.	ʃalom. שלום.
Me llamo …	kor'im li … קוראים לי …
Tengo una reserva.	yeʃ li hazmana. יש לי הזמנה.

Necesito … (hombre ⇨)	ani tsariχ … אני צריך …
Necesito … (mujer ⇨)	ani tsriχa … אני צריכה …
una habitación individual	χeder leyaχid חדר ליחיד
una habitación doble	χeder zugi חדר זוגי
¿Cuánto cuesta?	kama ze ole? כמה זה עולה?
Es un poco caro.	ze ktsat yakar. זה קצת יקר.

¿Tiene alguna más? (⇨ hombre)	ha'im yeʃ leχa 'optsiyot aχerot? האם יש לך אופציות אחרות?
¿Tiene alguna más? (⇨ mujer)	ha'im yeʃ laχ 'optsiyot aχerot? האם יש לך אופציות אחרות?
Me quedo.	ani ekaχ et ze. אני אקח את זה.
Pagaré en efectivo.	ani eʃalem bimzuman. אני אשלם במזומן.

Tengo un problema.	yeʃ li be'aya. יש לי בעיה.
Mi … no funciona. (masc.)	ha … ʃeli mekulkal. ה … שלי מקולקל.
Mi … no funciona. (fem.)	ha … ʃeli mekul'kelet. ה … שלי מקולקלת.
Mi … está fuera de servicio. (masc.)	ha … ʃeli lo oved. ה … שלי לא עובד.
Mi … está fuera de servicio. (fem.)	ha … ʃeli lo o'vedet. ה … שלי לא עובדת.

televisión	tele'vizya טלוויזיה
aire acondicionado	mizug avir מיזוג אוויר

grifo	berez
	ברז
ducha	mik'laχat
	מקלחת
lavabo	kiyor
	כיור
caja fuerte	ka'sefet
	כספת
cerradura	man'ul
	מנעול
enchufe	ʃeka
	שקע
secador de pelo	meyabeʃ se'ar
	מייבש שיער
No tengo …	ein li …
	... אין לי
agua	mayim
	מים
luz	te'ura
	תאורה
electricidad	χaʃmal
	חשמל

¿Me puede dar …?	ha'im at yeχola latet li …?
	?... האם את יכולה לתת לי
una toalla	ma'gevet
	מגבת
una sábana	smiχa
	שמיכה
unas chanclas	na'alei 'bayit
	נעלי בית
un albornoz	χaluk
	חלוק
un champú	ʃampo
	שמפו
jabón	sabon
	סבון

Quisiera cambiar de habitación. (hombre ⇨)	ani rotse lehaχlif 'χeder.
	אני רוצה להחליף חדר.
Quisiera cambiar de habitación. (mujer ⇨)	ani rotsa lehaχlif 'χeder.
	אני רוצה להחליף חדר.
No puedo encontrar mi llave. (hombre ⇨)	ani lo motse et hamaf'teaχ ʃeli.
	אני לא מוצא את המפתח שלי.
No puedo encontrar mi llave. (mujer ⇨)	ani lo motset et hamaf'teaχ ʃeli.
	אני לא מוצאת את המפתח שלי.
Por favor abra mi habitación.	ha'im ata yaχol lif'toaχ et χadri, bevakaʃa?
	האם אתה יכול לפתוח את חדרי, בבקשה?
¿Quién es?	mi ʃam?
	מי שם?

¡Entre!	hikanes! **!היכנס**
¡Un momento!	rak 'rega! **!רק רגע**
Ahora no, por favor.	lo axʃav, bevakaʃa. **לא עכשיו, בבקשה.**

Venga a mi habitación, por favor.	bo'i lexadri, bevakaʃa. **בואי לחדרי, בבקשה.**
Quisiera hacer un pedido. (hombre ⇨)	ani mevakeʃ lehazmin ʃerut xadarim. **אני מבקש להזמין שירות חדרים.**
Quisiera hacer un pedido. (mujer ⇨)	ani meva'keʃet lehazmin ʃerut xadarim. **אני מבקשת להזמין שירות חדרים.**
Mi número de habitación es …	mispar ha'xeder ʃeli hu … **מספר החדר שלי הוא ...**

Me voy … (hombre ⇨)	ani ozev … **אני עוזב ...**
Me voy … (mujer ⇨)	ani o'zevet … **אני עוזבת ...**
Nos vamos … (pareja, hombres ⇨)	a'naxnu ozvim … **אנחנו עוזבים ...**
Nos vamos … (mujeres ⇨)	a'naxnu ozvot … **אנחנו עוזבות ...**
Ahora mismo	axʃav **עכשיו**
esta tarde	axar hatsaha'rayim **אחר הצהריים**
esta noche	ha'laila **הלילה**
mañana	maxar **מחר**
mañana por la mañana	maxar ba'boker **מחר בבוקר**
mañana por la noche	maxar ba''erev **מחר בערב**
pasado mañana	maxara'tayim **מחרתיים**

¿Dónde puedo coger un taxi?	eifo efʃar la'kaxat monit? **איפה אפשר לקחת מונית?**
¿Puede llamarme un taxi, por favor? (⇨ hombre)	ha'im ata yaxol lehazmin li monit, bevakaʃa? **האם אתה יכול להזמין לי מונית, בבקשה?**
¿Puede llamarme un taxi, por favor? (⇨ mujer)	ha'im at yexola lehazmin li monit, bevakaʃa? **האם את יכולה להזמין לי מונית, בבקשה?**
Quisiera pagar la cuenta. (hombre ⇨)	ani rotse leʃalem. **אני רוצה לשלם.**

Quisiera pagar la cuenta. (mujer ⇨)

ani rotsa leʃalem.
אני רוצה לשלם.

Todo ha estado estupendo.

hakol haya nehedar.
הכל היה נהדר.

Restaurante

¿Puedo ver el menú, por favor?	ha'im efʃar lekabel tafrit, bevakaʃa? ?האם אפשר לקבל תפריט, בבקשה
Mesa para uno.	ʃulχan leyaχid. .שולחן ליחיד
Somos dos (tres, cuatro).	a'naχnu 'ʃnayim (ʃloʃa, arba'a). .(אנחנו שניים (שלושה, ארבעה

Para fumadores	me'aʃnim מעשנים
Para no fumadores	lo me'aʃnim לא מעשנים
¡Por favor! (llamar al camarero) (⇨ hombre)	slaχ li! !סלח לי
¡Por favor! (llamar al camarero) (⇨ mujer)	silχi li! !סלחי לי
la carta	tafrit תפריט
la carta de vinos	reʃimat yeinot רשימת יינות
La carta, por favor.	tafrit, bevakaʃa. .תפריט, בבקשה

¿Está listo para pedir? (⇨ hombre)	ha'im ata muχan lehazmin? ?האם אתה מוכן להזמין
¿Está lista para pedir? (⇨ mujer)	ha'im at muχana lehazmin? ?האם את מוכנה להזמין
¿Qué quieren pedir? (⇨ hombre)	ma tirtse? ?מה תרצה
¿Qué quieren pedir? (⇨ mujer)	ma tirtsi? ?מה תרצי
Yo quiero … (hombre ⇨)	ani rotse … … אני רוצה
Yo quiero … (mujer ⇨)	ani rotsa … … אני רוצה

Soy vegetariano. (hombre ⇨)	ani tsimχoni. .אני צמחוני
Soy vegetariana. (mujer ⇨)	ani tsimχonit. .אני צמחונית
carne	basar בשר
pescado	dagim דגים

verduras	yerakot ירקות
¿Tiene platos para vegetarianos?	ha'im yeʃ laχem manot tsimχoniyot? האם יש לכם מנות צמחוניות?
No como cerdo. (hombre ⇨)	ani lo oχel χazir. אני לא אוכל חזיר.
No como cerdo. (mujer ⇨)	ani lo o'χelet χazir. אני לא אוכלת חזיר.
Él no come carne.	hu lo oχel basar. הוא לא אוכל בשר.
Ella no come carne.	hi lo o'χelet basar. היא לא אוכלת בשר.
Soy alérgico a … (hombre ⇨)	ani a'lergi le … אני אלרגי ל …
Soy alérgica a … (mujer ⇨)	ani a'lergit le … אני אלרגית ל …

¿Me puede traer …, por favor? (⇨ hombre)	ha'im ata yaχol lehavi li, bevakaʃa, … האם אתה יכול להביא לי, בבקשה …
¿Me puede traer …, por favor? (⇨ mujer)	ha'im at yeχola lehavi li, bevakaʃa, … האם את יכולה להביא לי, בבקשה …
sal | pimienta | azúcar	melaχ | 'pilpel | sukar מלח | פלפל | סוכר
café | té | postre	kafe | te | ki'nuaχ קפה | תה | קינוח
agua | con gas | sin gas	mayim | mugazim | regilim מים | מוגזים | רגילים
una cuchara | un tenedor | un cuchillo	kaf | mazleg | sakin כף | מזלג | סכין
un plato | una servilleta	tsa'laχat | mapit צלחת | מפית

¡Buen provecho!	bete'avon! בתיאבון!
Uno más, por favor.	od eχad /aχat/, bevakaʃa. עוד אחד /אחת/, בבקשה.
Estaba delicioso.	ze haya me'od ta'im. זה היה מאוד טעים.

la cuenta | el cambio | la propina	χeʃbon | 'odef | tip חשבון | עודף | טיפ
La cuenta, por favor.	χeʃbon, bevakaʃa. חשבון, בבקשה.
¿Puedo pagar con tarjeta?	ha'im efʃar leʃalem bekatrtis aʃrai? האם אפשר לשלם בכרטיס אשראי?
Perdone, aquí hay un error. (hombre ⇨)	ani mitsta'er, yeʃ kan ta'ut. אני מצטער, יש כאן טעות.
Perdone, aquí hay un error. (mujer ⇨)	ani mitsta''eret, yeʃ kan ta'ut. אני מצטערת, יש כאן טעות.

De Compras

¿Puedo ayudarle? (⇨ hombre)	ha'im efʃar la'azor leχa? ?האם אפשר לעזור לך
¿Puedo ayudarle? (⇨ mujer)	ha'im efʃar la'azor laχ? ?האם אפשר לעזור לך
¿Tiene ...?	ha'im yeʃ laχem ...? ?...האם יש לכם
Busco ... (hombre ⇨)	ani meχapes ... ... אני מחפש
Busco ... (mujer ⇨)	ani meχa'peset ... ... אני מחפשת
Necesito ... (hombre ⇨)	ani tsariχ ... ... אני צריך
Necesito ... (mujer ⇨)	ani tsriχa ... ... אני צריכה

Sólo estoy mirando. (hombre ⇨)	ani rak mistakel. .אני רק מסתכל
Sólo estoy mirando. (mujer ⇨)	ani rak mista'kelet. .אני רק מסתכלת
Sólo estamos mirando. (pareja, hombres ⇨)	a'naχnu rak mistaklim. .אנחנו רק מסתכלים
Sólo estamos mirando. (mujeres ⇨)	a'naχnu rak mistaklot. .אנחנו רק מסתכלות
Volveré más tarde.	ani aχazor me'uχar yoter. .אני אחזור מאוחר יותר
Volveremos más tarde.	a'naχnu naχazor me'uχar yoter. .אנחנו נחזור מאוחר יותר
descuentos | oferta	hanaχot | mivtsa הנחות | מבצע

Por favor, enséñeme ... (⇨ hombre)	ha'im ata yaχol lehar'ot li ... ... האת אתה יכול להראות לי
Por favor, enséñeme ... (⇨ mujer)	ha'im at yeχola lehar'ot li ... ... האת את יכולה להראות לי
¿Me puede dar ..., por favor? (⇨ hombre)	ha'im ata yaχol latet li, bevakaʃa ... ... האם אתה יכול לתת לי, בבקשה
¿Me puede dar ..., por favor? (⇨ mujer)	ha'im at yeχola latet li, bevakaʃa ... ... האם את יכולה לתת לי, בבקשה
¿Puedo probarmelo? (hombre ⇨)	ha'im ani yaχol limdod et ze? ?האם אני יכול למדוד את זה
¿Puedo probarmelo? (mujer ⇨)	ha'im ani yeχola limdod et ze? ?האם אני יכולה למדוד את זה
Perdone, ¿dónde están los probadores? (⇨ hombre)	slaχ li, 'eifo χadar hahalbaʃa? ?סלח לי, איפה חדר ההלבשה

Perdone, ¿dónde están los probadores? (⇨ mujer)	silχi li, 'eifo χadar hahalbaʃa? **סלחי לי, איפה חדר ההלבשה?**
¿Qué color le gustaría? (⇨ hombre)	eize 'tseva ha'yita roʦe? **איזה צבע היית רוצה?**
¿Qué color le gustaría? (⇨ mujer)	eize 'tseva hayit roʦa? **איזה צבע היית רוצה?**
la talla | el largo	mida | 'oreχ **מידה | אורך**
¿Cómo le queda? (¿Está bien?) (⇨ hombre)	ha'im ze mat'im leχa? **האם זה מתאים לך?**
¿Cómo le queda? (¿Está bien?) (⇨ mujer)	ha'im ze mat'im laχ? **האם זה מתאים לך?**

¿Cuánto cuesta esto?	kama ze ole? **במה זה עולה?**
Es muy caro.	ze yakar midai. **זה יקר מידי.**
Me lo llevo.	ani ekaχ et ze. **אני אקח את זה.**
Perdone, ¿dónde está la caja? (hombre ⇨)	slaχ li, 'eifo meʃalmim? **סלח לי, איפה משלמים?**
Perdone, ¿dónde está la caja? (mujer ⇨)	silχi li, 'eifo 'meʃalmim? **סלחי לי, איפה משלמים?**
¿Pagará en efectivo o con tarjeta? (⇨ hombre)	ha'im ata meʃalem bimzuman o bekartis aʃrai? **האם אתה משלם במזומן או בכרטיס אשראי?**
¿Pagará en efectivo o con tarjeta? (⇨ mujer)	ha'im at meʃa'lemet bimzuman o bekartis aʃrai? **האם את משלמת במזומן או בכרטיס אשראי?**
en efectivo | con tarjeta	bimzuman | bekartis aʃrai **במזומן | בכרטיס אשראי**

¿Quiere el recibo? (⇨ hombre)	ha'im ata roʦe et hakabala? **האם אתה רוצה את הקבלה?**
¿Quiere el recibo? (⇨ mujer)	ha'im at roʦa et hakabala? **האם את רוצה את הקבלה?**
Sí, por favor.	ken, bevakaʃa. **כן, בבקשה.**
No, gracias.	lo, ze be'seder. **לא, זה בסדר.**
Gracias. ¡Que tenga un buen día! (⇨ hombre)	toda. ʃeyihye leχa yom na'im! **תודה. שיהיה לך יום נעים!**
Gracias. ¡Que tenga un buen día! (⇨ mujer)	toda. ʃeyihye laχ yom na'im! **תודה. שיהיה לך יום נעים!**

En la ciudad

Perdone, por favor. (⇨ hombre)	slaχ li, bevakaʃa. סלח לי, בבקשה.
Perdone, por favor. (⇨ mujer)	silχi li, bevakaʃa. סלחי לי, בבקשה.
Busco ... (hombre ⇨)	ani meχapes ... אני מחפש ...
Busco ... (mujer ⇨)	ani meχa'peset ... אני מחפשת ...
el metro	ra'kevet taχtit רכבת תחתית
mi hotel	et hamalon ʃeli את המלון שלי
el cine	et hakol'no'a את הקולנוע
una parada de taxis	taχanat moniyot תחנת מוניות
un cajero automático	kaspomat כספומט
una oficina de cambio	misrad mat'be'a χuts משרד מטבע חוץ
un cibercafé	beit kafe 'internet בית קפה אינטרנט
la calle ...	reχov ... רחוב ...
este lugar	hamakom haze המקום הזה
¿Sabe usted dónde está ...? (⇨ hombre)	ha'im ata yo'de'a heiχan nimtsa ...? האם אתה יודע היכן נמצא ...?
¿Sabe usted dónde está ...? (⇨ mujer)	ha'im at yo'da'at heiχan nimtsa ...? האם את יודעת היכן נמצא ...?
¿Cómo se llama esta calle?	eize reχov ze? איזה רחוב זה?
Muéstreme dónde estamos ahora. (⇨ hombre)	har'e li heiχan 'anu nimtsa'im aχʃav. הראה לי היכן אנו נמצאים עכשיו.
Muéstreme dónde estamos ahora. (⇨ mujer)	har'i li heiχan anu nimtsa'im aχʃav. הראי לי היכן אנו נמצאים עכשיו.
¿Puedo llegar a pie?	ha'im efʃar leha'gi'a leʃam ba'regel? האם אפשר להגיע לשם ברגל?
¿Tiene un mapa de la ciudad? (⇨ hombre)	ha'im yeʃ leχa mapa ʃel ha'ir? האם יש לך מפה של העיר?
¿Tiene un mapa de la ciudad? (⇨ mujer)	ha'im yeʃ laχ mapa ʃel ha'ir? האם יש לך מפה של העיר?

¿Cuánto cuesta la entrada?

kama ole kartis knisa?
כמה עולה כרטיס כניסה?

¿Se pueden hacer fotos aquí?

ha'im mutar letsalem kan?
האם מותר לצלם כאן?

¿Está abierto?

ha'im atem ptuχim?
האם אתם פתוחים?

¿A qué hora abren?

matai atem potχim?
מתי אתם פותחים?

¿A qué hora cierran?

matai atem sogrim?
מתי אתם סוגרים?

Dinero

dinero	kesef
	כסף
efectivo	mezuman
	מזומן
billetes	ʃtarot 'kesef
	שטרות כסף
monedas	kesef katan
	כסף קטן
la cuenta | el cambio | la propina	χeʃbon | 'odef | tip
	חשבון | עודף | טיפ

la tarjeta de crédito	kartis aʃrai
	כרטיס אשראי
la cartera	arnak
	ארנק
comprar	liknot
	לקנות
pagar	leʃalem
	לשלם
la multa	knas
	קנס
gratis	χinam
	חינם

¿Dónde puedo comprar ...?	eifo efʃar liknot ...?
	?... איפה אפשר לקנות
¿Está el banco abierto ahora?	ha'im ha'bank pa'tuaχ aχʃav?
	האם הבנק פתוח עכשיו?
¿A qué hora abre?	matai ze nisgar?
	מתי זה נפתח?
¿A qué hora cierra?	matai ze niftaχ?
	מתי זה נסגר?

¿Cuánto cuesta?	kama?
	כמה?
¿Cuánto cuesta esto?	kama ze ole?
	כמה זה עולה?
Es muy caro.	ze yakar midai.
	זה יקר מידי.

Perdone, ¿dónde está la caja?	sliχa, 'eifo meʃalmim?
	סליחה, איפה משלמים?
La cuenta, por favor.	χeʃbon, bevakaʃa.
	חשבון, בבקשה.

¿Puedo pagar con tarjeta?

ha'im efʃar leʃalem bekatrtis aʃrai?
האם אפשר לשלם בברטיס אשראי?

¿Hay un cajero por aquí?

ha'im yeʃ kan kaspomat?
האם יש כאן כספומט?

Busco un cajero automático. (hombre ⇨)

ani meχapes kaspomat.
אני מחפש בספומט.

Busco un cajero automático. (mujer ⇨)

ani meχa'peset kaspomat.
אני מחפשת בספומט.

Busco una oficina de cambio. (hombre ⇨)

ani meχapes misrad mat'be'a χuts.
אני מחפש משרד מטבע חוץ.

Busco una oficina de cambio. (mujer ⇨)

ani meχa'peset misrad mat'be'a χuts.
אני מחפשת משרד מטבע חוץ.

Quisiera cambiar ... (hombre ⇨)

ani rotse lehaχlif ...
אני רוצה להחליף ...

Quisiera cambiar ... (mujer ⇨)

ani rotsa lehaχlif ...
אני רוצה להחליף ...

¿Cuál es el tipo de cambio?

ma 'ʃa'ar haχalifin?
מה שער החליפין?

¿Necesita mi pasaporte? (⇨ hombre)

ha'im ata tsariχ et hadarkon ʃeli?
האם אתה צריך את הדרכון שלי?

¿Necesita mi pasaporte? (⇨ mujer)

ha'im at tsriχa et hadarkon ʃeli?
האם את צריכה את הדרכון שלי?

Tiempo

¿Qué hora es?	ma haʃa'a? מה השעה?
¿Cuándo?	matai? מתי?
¿A qué hora?	be''eizo ʃa'a? באיזו שעה?
ahora | luego | después de …	aχʃav | aχar kaχ | aχrei … עכשיו | אחר כך | אחרי ...

la una	aχat אחת
la una y cuarto	aχat va'reva אחת ורבע
la una y medio	aχat va'χetsi אחת וחצי
las dos menos cuarto	aχat arba'im veχameʃ אחת ארבעים וחמש

una | dos | tres	aχat | ʃtayim | ʃaloʃ אחת | שתיים | שלוש
cuatro | cinco | seis	arba | χameʃ | ʃeʃ ארבע | חמש | שש
siete | ocho | nueve	ʃeva | 'ʃmone | 'teʃa שבע | שמונה | תשע
diez | once | doce	eser | aχat esre | ʃtem esre עשר | אחת עשרה | שתים עשרה

en …	toχ … תוך ...
cinco minutos	χameʃ dakot חמש דקות
diez minutos	eser dakot עשר דקות
quince minutos	χameʃ esre dakot חמש עשרה דקות
veinte minutos	esrim dakot עשרים דקות

media hora	χatsi ʃa'a חצי שעה
una hora	ʃa'a שעה
por la mañana	ba'boker בבוקר

por la mañana temprano	mukdam ba'boker, haʃkem ba'boker
	מוקדם בבוקר, השכם בבוקר
esta mañana	ha'boker
	הבוקר
mañana por la mañana	maχar ba'boker
	מחר בבוקר

al mediodía	baʦaha'rayim
	בצהריים
por la tarde	aχar haʦaha'rayim
	אחר הצהריים
por la noche	ba"erev
	בערב
esta noche	ha'laila
	הלילה

por la noche	ba'laila
	בלילה
ayer	etmol
	אתמול
hoy	hayom
	היום
mañana	maχar
	מחר
pasado mañana	maχara'tayim
	מחרתיים

¿Qué día es hoy?	eize yom hayom?
	איזה יום היום?
Es ...	hayom ...
	היום ...
lunes	yom ʃeni
	יום שני
martes	yom ʃliʃi
	יום שלישי
miércoles	yom revi'i
	יום רביעי

jueves	yom χamiʃi
	יום חמישי
viernes	yom ʃiʃi
	יום ששי
sábado	ʃabat
	שבת
domingo	yom riʃon
	יום ראשון

Saludos. Presentaciones.

Encantado de conocerle. (hombre ⇨ hombre)
ani sameaχ lehakir otχa.
אני שמח להכיר אותך.

Encantado de conocerle. (hombre ⇨ mujer)
ani sameaχ lehakir otaχ.
אני שמח להכיר אותך.

Encantada de conocerle. (mujer ⇨ hombre)
ani smeχa lifgoʃ otχa.
אני שמחה לפגוש אותך.

Encantada de conocerle. (mujer ⇨ mulher)
ani smeχa lifgoʃ otaχ.
אני שמחה לפגוש אותך.

Hola.
ʃalom.
שלום.

Yo también.
gam ani.
גם אני.

Le presento a … (hombre ⇨ hombre)
ha'yiti rotse ʃetakir et …
הייתי רוצה שתכיר את ...

Le presento a … (hombre ⇨ mujer)
ha'yiti rotse ʃeta'kiri et …
הייתי רוצה שתכירי את ...

Le presento a … (mujer ⇨ hombre)
ha'yiti rotsa ʃetakir et …
הייתי רוצה שתכיר את ...

Le presento a … (mujer ⇨ mulher)
ha'yiti rotsa ʃeta'kiri et …
הייתי רוצה שתכירי את ...

Encantado. (⇨ hombre)
na'im lifgoʃ otχa.
נעים לפגוש אותך.

Encantada. (⇨ mujer)
na'im lifgoʃ otaχ.
נעים לפגוש אותך.

¿Cómo está? (⇨ hombre)
ma ʃlomχa?
מה שלומך?

¿Cómo está? (⇨ mujer)
ma ʃlomeχ?
מה שלומך?

Me llamo …
kor'im li …
קוראים לי ...

Se llama …
kor'im lo …
קוראים לו ...

Se llama …
kor'im la …
קוראים לה ...

¿Cómo se llama (usted)? (⇨ hombre)
eiχ kor'im leχa?
איך קוראים לך?

¿Cómo se llama (usted)? (⇨ mujer)
eiχ kor'im laχ?
איך קוראים לך?

¿Cómo se llama (él)?
eiχ kor'im lo?
איך קוראים לו?

¿Cómo se llama (ella)?
eiχ kor'im la?
איך קוראים לה?

¿Cuál es su apellido? (⇨ hombre)
ma ʃem hamiʃpaχa ʃelχa?
מה שם המשפחה שלך?

¿Cuál es su apellido? (⇨ mujer)
ma ʃem hamiʃpaχa ʃelaχ?
מה שם המשפחה שלך?

Puede llamarme … (⇨ hombre)
ata yaχol likro li …
אתה יכול לקרוא לי ...

Puede llamarme … (⇨ mujer)
at yeχola likro li …
את יכולה לקרוא לי ...

¿De dónde es usted? (⇨ hombre)
me"eifo ata?
מאיפה אתה?

¿De dónde es usted? (⇨ mujer)
me"eifo at?
מאיפה את?

Yo soy de ….
ani mi …
אני מ ...

¿A qué se dedica? (⇨ hombre)
bema ata oved?
במה אתה עובד?

¿A qué se dedica? (⇨ mujer)
bema at o'vedet?
במה את עובדת?

¿Quién es? (masc.)
mi ze?
מי זה?

¿Quién es? (fem.)
mi zo?
מי זו?

¿Quién es él?
mi ze?
מי זה?

¿Quién es ella?
mi zo?
מי זו?

¿Quiénes son?
mi 'ele?
מי אלה?

Este es …
ze …
זה ...

mi amigo
χaver ʃeli
חבר שלי

mi marido
ba'ali
בעלי

mi padre
avi
אבי

mi hermano
aχi
אחי

mi hijo
bni
בני

Esta es …
zo …
זו ...

mi amiga
χavera ʃeli
חברה שלי

mi mujer
iʃti
אשתי

mi madre
immi
אמי

---

mi hermana	aχoti
	אחותי
mi hija	biti
	בתי

Este es nuestro hijo.	ze haben ʃe'lanu.
	זה הבן שלנו.
Esta es nuestra hija.	zo habat ʃe'lanu.
	זו הבת שלנו.
Estos son mis hijos.	ele hayeladim ʃeli.
	אלה הילדים שלי.
Estos son nuestros hijos.	ele hayeladim ʃe'lanu.
	אלה הילדים שלנו.

Despedidas

¡Adiós!	ʃalom!
	שלום!
¡Chau!	bai!
	ביי!
Hasta mañana.	lehitra'ot maχar.
	להתראות מחר.
Hasta pronto.	lehitra'ot bekarov.
	להתראות בקרוב.
Te veo a las siete.	lehitra'ot be'ʃeva.
	להתראות בשבע.

¡Que se diviertan!	asu χayim!
	עשו חיים!
Hablamos más tarde.	lehiʃta'me'a.
	להשתמע.
Que tengas un buen fin de semana.	sof ʃa'vu'a na'im.
	סוף שבוע נעים.
Buenas noches.	laila tov.
	לילה טוב.

Es hora de irme.	hi'gi'a zmani la'leχet.
	הגיע זמני ללכת.
Tengo que irme. (hombre ⇒)	ani χayav la'leχet.
	אני חייב ללכת.
Tengo que irme. (mujer ⇒)	ani χa'yevet la'leχet.
	אני חייבת ללכת.
Ahora vuelvo.	ani aχazor miyad.
	אני אחזור מייד.

Es tarde.	kvar me'uχar.
	כבר מאוחר.
Tengo que levantarme temprano. (hombre ⇒)	ani tsariχ lakum mukdam.
	אני צריך לקום מוקדם.
Tengo que levantarme temprano. (mujer ⇒)	ani tsriχa lakum mukdam.
	אני צריכה לקום מוקדם.
Me voy mañana. (hombre ⇒)	ani ozev maχar.
	אני עוזב מחר.
Me voy mañana. (mujer ⇒)	ani o'zevet maχar.
	אני עוזבת מחר.
Nos vamos mañana. (pareja, hombres ⇒)	a'naχnu ozvim maχar.
	אנחנו עוזבים מחר.
Nos vamos mañana. (mujeres ⇒)	a'naχnu ozvot maχar.
	אנחנו עוזבות מחר.

¡Que tenga un buen viaje! nesi'a tova!
נסיעה טובה!

Ha sido un placer. (⇨ hombre) haya neχmad lifgoʃ otχa.
היה נחמד לפגוש אותך.

Ha sido un placer. (⇨ mujer) haya neχmad lifgoʃ otaχ.
היה נחמד לפגוש אותך.

Fue un placer hablar con usted. (⇨ haya na'im ledaber itχa.
hombre) היה נעים לדבר איתך.

Fue un placer hablar con usted. (⇨ mujer) haya na'im ledaber itaχ.
היה נעים לדבר איתך.

Gracias por todo. toda al hakol.
תודה על הכל.

Lo he pasado muy bien. nehe'neti me'od.
נהניתי מאוד.

Lo pasamos muy bien. nehe'nenu me'od.
נהנינו מאוד.

Fue genial. ze haya mamaʃ nehedar.
זה היה ממש נהדר.

Le voy a echar de menos. (⇨ hombre) ani etga'a'ge'a e'leχa.
אני אתגעגע אליך.

Le voy a echar de menos. (⇨ mujer) ani etga'a'ge'a e'layiχ.
אני אתגעגע אלייך.

Le vamos a echar de menos. (⇨ hombre) a'naχnu nitga'a'ge'a e'leχa.
אנחנו נתגעגע אליך.

Le vamos a echar de menos. (⇨ mujer) a'naχnu nitga'a'ge'a e'layiχ.
אנחנו נתגעגע אלייך.

¡Suerte! behatslaχa!
בהצלחה!

Saludos a ... (⇨ hombre) msor daʃ le ...
מסור ד"ש ל ...

Saludos a ... (⇨ mujer) misri daʃ le ...
מסרי ד"ש ל ...

Idioma extranjero

No entiendo. (hombre ⇨)

ani lo mevin.
אני לא מבין.

No entiendo. (mujer ⇨)

ani lo mevina.
אני לא מבינה.

Escríbalo, por favor. (⇨ hombre)

ktov li et ze, bevakaʃa.
כתוב לי את זה, בבקשה.

Escríbalo, por favor. (⇨ mujer)

kitvi li et ze, bevakaʃa.
כתבי לי את זה, בבקשה.

¿Habla usted ...? (⇨ hombre)

ha'im ata medaber ...?
האם אתה מדבר ...?

¿Habla usted ...? (⇨ mujer)

ha'im at meda'beret ...?
האם את מדברת ...?

Hablo un poco de ... (hombre ⇨)

ani medaber ktsat ...
אני מדבר קצת ...

Hablo un poco de ... (mujer ⇨)

ani meda'beret ktsat ...
אני מדברת קצת ...

inglés

anglit
אנגלית

turco

turkit
טורקית

árabe

aravit
ערבית

francés

tsarfatit
צרפתית

alemán

germanit
גרמנית

italiano

italkit
איטלקית

español

sfaradit
ספרדית

portugués

portu'gezit
פורטוגזית

chino

sinit
סינית

japonés

ya'panit
יפנית

¿Puede repetirlo, por favor? (⇨ hombre)

ha'im ata yaχol laχazor al ze, bevakaʃa?
האם אתה יכול לחזור על זה, בבקשה?

¿Puede repetirlo, por favor? (⇨ mujer)

ha'im at yeχola laχazor al ze, bevakaʃa?
האם את יכולה לחזור על זה, בבקשה?

Lo entiendo. (hombre ⇨)	ani mevin. אני מבין.
Lo entiendo. (mujer ⇨)	ani mevina. אני מבינה.
No entiendo. (hombre ⇨)	ani lo mevin. אני לא מבין.
No entiendo. (mujer ⇨)	ani lo mevina. אני לא מבינה.
Hable más despacio, por favor. (⇨ hombre)	ana daber yoter le'at. אנא דבר יותר לאט.
Hable más despacio, por favor. (⇨ mujer)	ana dabri yoter le'at. אנא דברי יותר לאט.

¿Está bien?	ha'im ze naxon? האם זה נכון?
¿Qué es esto? (¿Que significa esto?)	ma ze? מה זה?

Disculpas

Perdone, por favor. (⇨ hombre)	slaχ li, bevakaʃa. סלח לי, בבקשה.
Perdone, por favor. (⇨ mujer)	silχi li, bevakaʃa. סלחי לי, בבקשה.
Lo siento. (hombre ⇨)	ani mitsta'er. אני מצטער.
Lo siento. (mujer ⇨)	ani mitsta''eret. אני מצטערת.
Lo siento mucho. (hombre ⇨)	ani mamaʃ mitsta'er. אני ממש מצטער.
Lo siento mucho. (mujer ⇨)	ani mamaʃ mitsta''eret. אני ממש מצטערת.
Perdón, fue culpa mía.	sliχa, zo aʃmati. סליחה, זו אשמתי.
Culpa mía.	ta'ut ʃeli. טעות שלי.

¿Puedo …? (hombre ⇨)	ha'im ani yaχol …? האם אני יכול ...?
¿Puedo …? (mujer ⇨)	ha'im ani yeχola …? האם אני יכולה ...?
¿Le molesta si …? (⇨ hombre)	ha'im iχpat leχa im ani …? האם איכפת לך אם אני ...?
¿Le molesta si …? (⇨ mujer)	ha'im iχpat laχ im ani …? האם איכפת לך אם אני ...?
¡No hay problema! (No pasa nada.)	ze be'seder. זה בסדר.
Todo está bien.	ze be'seder. זה בסדר.
No se preocupe. (⇨ hombre)	al taχʃov al ze. אל תחשוב על זה.
No se preocupe. (⇨ mujer)	al taχʃevi al ze. אל תחשבי על זה.

Acuerdos

Sí.	ken.
	כן.
Sí, claro.	ken, bevadai.
	כן, בוודאי.
Bien.	tov!
	טוב!
Muy bien.	be'seder gamur.
	בסדר גמור.
¡Claro que sí!	bevadai!
	בוודאי!
Estoy de acuerdo. (hombre ⇨)	ani maskim.
	אני מסכים.
Estoy de acuerdo. (mujer ⇨)	ani maskima.
	אני מסכימה.

Es verdad.	ze naχon.
	זה נכון.
Es correcto.	ze naχon.
	זה נכון.
Tiene razón. (⇨ hombre)	ata tsodek.
	אתה צודק.
Tiene razón. (⇨ mujer)	at tso'deket.
	את צודקת.
No me molesta.	lo meʃane li.
	לא משנה לי.
Es completamente cierto.	naχon me'od.
	נכון מאוד.

Es posible.	yitaχen, ze efʃari.
	ייתכן, זה אפשרי.
Es una buena idea.	ze ra'ayon tov.
	זה רעיון טוב.
No puedo decir que no. (hombre ⇨)	ani lo yaχol lesarev.
	אני לא יכול לסרב.
No puedo decir que no. (mujer ⇨)	ani lo yeχola lesarev.
	אני לא יכולה לסרב.
Estaré encantado /encantada/.	esmaχ la'asot et ze.
	אשמח לעשות את זה.
Será un placer.	bekef.
	בכיף.

Rechazo. Expresar duda

No.

lo.
לא.

Claro que no.

ba'tuaχ ʃelo.
בטוח שלא.

No estoy de acuerdo. (hombre ⇨)

ani lo maskim.
אני לא מסכים.

No estoy de acuerdo. (mujer ⇨)

ani lo maskima.
אני לא מסכימה.

No lo creo. (hombre ⇨)

ani lo χoʃev kaχ.
אני לא חושב כך.

No lo creo. (mujer ⇨)

ani lo χoʃevet kaχ.
אני לא חושבת כך.

No es verdad.

ze lo naχon.
זה לא נכון.

No tiene razón. (⇨ hombre)

ata to'e.
אתה טועה.

No tiene razón. (⇨ mujer)

at to'a.
את טועה.

Creo que no tiene razón. (hombre ⇨ hombre)

ani χoʃev ʃe'ata to'e.
אני חושב שאתה טועה.

Creo que no tiene razón. (hombre ⇨ mujer)

ani χoʃev ʃe'at to'a.
אני חושב שאת טועה.

Creo que no tiene razón. (mujer ⇨ hombre)

ani χo'ʃevet ʃe'ata to'e.
אני חושבת שאתה טועה.

Creo que no tiene razón. (mujer ⇨ mulher)

ani χo'ʃevet ʃe'at to'a.
אני חושבת שאת טועה.

No estoy seguro. (hombre ⇨)

ani lo ba'tuaχ.
אני לא בטוח.

No estoy segura. (mujer ⇨)

ani lo betuχa.
אני לא בטוחה.

No es posible.

ze 'bilti efʃari.
זה בלתי אפשרי.

¡Nada de eso!

beʃum panim va''ofen lo!
בשום פנים ואופן לא!

Justo lo contrario.

bediyuk ha'hefeχ.
בדיוק ההיפך.

Estoy en contra de ello. (hombre ⇨)

ani mitnaged leze.
אני מתנגד לזה.

Estoy en contra de ello. (mujer ⇨)

ani mitna'gedet leze.
אני מתנגדת לזה.

No me importa. (Me da igual.)

lo iχpat li.
לא אינכפת לי.

No tengo ni idea.

ein li musag.
‏אין לי מושג.

Dudo que sea así. (hombre ⇨)

ani lo ba'tuax.
‏אני לא בטוח.

Dudo que sea así. (mujer ⇨)

ani lo betuxa.
‏אני לא בטוחה.

Lo siento, no puedo. (hombre ⇨)

mitsta‘er, ani lo yaxol.
‏מצטער, אני לא יכול.

Lo siento, no puedo. (mujer ⇨)

mitsta‘‘eret, ani lo yexola.
‏מצטערת, אני לא יכולה.

Lo siento, no quiero. (hombre ⇨)

mitsta‘er, ani lo me‘unyan.
‏מצטער, אני לא מעוניין.

Lo siento, no quiero. (mujer ⇨)

mitsta‘‘eret, ani lo me‘un'yenet.
‏מצטערת, אני לא מעוניינת.

Gracias, pero no lo necesito. (hombre ⇨)

toda, aval ani lo tsarix et ze.
‏תודה, אבל אני לא צריך את זה.

Gracias, pero no lo necesito. (mujer ⇨)

toda, aval ani lo tsrixa et ze.
‏תודה, אבל אני לא צריכה את זה.

Ya es tarde.

matxil lihyot me'uxar.
‏מתחיל להיות מאוחר.

Tengo que levantarme temprano. (hombre ⇨)

ani tsarix lakum mukdam.
‏אני צריך לקום מוקדם.

Tengo que levantarme temprano. (mujer ⇨)

ani tsrixa lakum mukdam.
‏אני צריכה לקום מוקדם.

Me encuentro mal. (hombre ⇨)

ani lo margiʃ tov.
‏אני לא מרגיש טוב.

Me encuentro mal. (mujer ⇨)

ani lo margiʃa tov.
‏אני לא מרגישה טוב.

Expresar gratitud

Gracias.	toda.
	תודה.
Muchas gracias.	toda raba.
	תודה רבה.
De verdad lo aprecio. (hombre ⇨)	ani be'emet ma'ariχ et ze.
	אני באמת מעריך את זה.
De verdad lo aprecio. (mujer ⇨)	ani be'emet ma'ariχa et ze.
	אני באמת מעריכה את זה.
Se lo agradezco. (hombre ⇨ hombre)	ani mamaʃ asir toda leχa.
	אני ממש אסיר תודה לך.
Se lo agradezco. (hombre ⇨ mujer)	ani mamaʃ asir toda laχ.
	אני ממש אסיר תודה לך.
Se lo agradezco. (mujer ⇨ hombre)	ani mamaʃ asirat toda leχa.
	אני ממש אסירת תודה לך.
Se lo agradezco. (mujer ⇨ mulher)	ani mamaʃ asirat toda laχ.
	אני ממש אסירת תודה לך.

Gracias por su tiempo. (⇨ hombre)	toda al hazman ʃehik'daʃta.
	תודה על הזמן שהקדשת.
Gracias por su tiempo. (⇨ mujer)	toda al hazman ʃehikdaʃt.
	תודה על הזמן שהקדשת.
Gracias por todo.	toda al hakol.
	תודה על הכל.
Gracias por …	toda al …
	תודה על …
su ayuda (⇨ hombre)	ezratχa
	עזרתך
su ayuda (⇨ mujer)	ezrateχ
	עזרתך
tan agradable momento	haχavaya hamehana
	החוויה המהנה

una comida estupenda	aruχa nehe'deret
	ארוחה נהדרת
una velada tan agradable	erev na'im
	ערב נעים
un día maravilloso	yom nifla
	יום נפלא
un viaje increíble	tiyul madhim
	טיול מדהים
No hay de qué.	ein be'ad ma.
	אין בעד מה.
De nada.	bevakaʃa.
	בבקשה.

Siempre a su disposición.	ein be'ad ma.
	אין בעד מה.
Encantado /Encantada/ de ayudarle.	ha"oneg kulo ʃeli.
	העונג כולו שלי.
No hay de qué.	lo meʃane.
	לא משנה.
No tiene importancia. (⇨ hombre)	al tid'ag.
	אל תדאג.
No tiene importancia. (⇨ mujer)	al tid'agi.
	אל תדאגי.

Felicitaciones , Mejores Deseos

¡Felicidades!	birχotai! ברכותיי!
¡Feliz Cumpleaños!	mazal tov leyom hahu'ledet! מזל טוב ליום ההולדת!
¡Feliz Navidad!	χag molad sa'meaχ! חג מולד שמח!
¡Feliz Año Nuevo!	ʃana tova! שנה טובה!

¡Felices Pascuas!	χag pasχa sa'meaχ! חג פסחא שמח!
¡Feliz Hanukkah!	χag 'χanuka sa'meaχ! חג חנוכה שמח!

Quiero brindar. (hombre ⇨)	ani rotse leharim kosit. אני רוצה להרים כוסית.
Quiero brindar. (mujer ⇨)	ani rotsa leharim kosit. אני רוצה להרים כוסית.
¡Salud!	le'χayim! לחיים!
¡Brindemos por …!	bo'u niʃte le …! בואו נשתה ל !...
¡A nuestro éxito!	lehatslaχa'tenu! להצלחתנו!
¡A su éxito! (⇨ hombre)	lehatslaχatχa! להצלחתך!
¡A su éxito! (⇨ mujer)	lehatslaχateχ! להצלחתך!

¡Suerte!	behatslaχa! בהצלחה!
¡Que tenga un buen día! (⇨ hombre)	ʃeyihye leχa yom na'im! שיהיה לך יום נעים!
¡Que tenga un buen día! (⇨ mujer)	ʃeyihye laχ yom na'im! שיהיה לך יום נעים!
¡Que tenga unas buenas vacaciones!	χufʃa ne'ima! חופשה נעימה!
¡Que tenga un buen viaje!	nesi'a tova! נסיעה טובה!
¡Espero que se recupere pronto! (hombre ⇨ hombre)	ani mekave ʃetaχlim maher! אני מקווה שתחלים מהר!
¡Espero que se recupere pronto! (hombre ⇨ mujer)	ani mekave ʃetaχ'limi maher! אני מקווה שתחלימי מהר!

¡Espero que se recupere pronto! (mujer ⇨ hombre)   ani mekava ʃetaχlim maher!
אני מקווה שתחלים מהר!

¡Espero que se recupere pronto! (mujer ⇨ mulher)   ani mekava ʃetaχ'limi maher!
אני מקווה שתחלימי מהר!

Socializarse

¿Por qué está triste? (⇨ hombre)	lama ata atsuv? למה אתה עצוב?
¿Por qué está triste? (⇨ mujer)	lama at atsuva? למה את עצובה?
¡Sonría! ¡Anímese! (⇨ hombre)	xayex ktsat! חייך קצת!
¡Sonría! ¡Anímese! (⇨ mujer)	xaixi ktsat! חייכי קצת!
¿Está libre esta noche? (⇨ hombre)	ha'im ata panui ha''erev? האם אתה פנוי הערב?
¿Está libre esta noche? (⇨ mujer)	ha'im at pnuya ha''erev? האם את פנויה הערב?

¿Puedo ofrecerle algo de beber?	ha'im efʃar leha'tsi'a lax maʃke? האם אפשר להציע לך משקה?
¿Querría bailar conmigo? (⇨ hombre)	ha'im ata rotse lirkod? האם אתה רוצה לרקוד?
¿Querría bailar conmigo? (⇨ mujer)	ha'im at rotsa lirkod? האם את רוצה לרקוד?
Vamos a ir al cine. (⇨ hombre)	bo nelex le'seret. בוא נלך לסרט.
Vamos a ir al cine. (⇨ mujer)	bo'i nelex le'seret. בואי נלך לסרט.

¿Puedo invitarle a ...?	ha'im efʃar lehazmin otax le ...? האם אפשר להזמין אותך ל ...?
un restaurante	mis'ada מסעדה
el cine	seret סרט
el teatro	te'atron תיאטרון
dar una vuelta	letiyul ba'regel לטיול ברגל

¿A qué hora?	be''eizo ʃa'a? באיזו שעה?
esta noche	ha'laila הלילה
a las seis	beʃeʃ בשש
a las siete	be'ʃeva בשבע

a las ocho	bi'ʃmone
	בשמונה
a las nueve	be'teʃa
	בתשע

¿Le gusta este lugar? (⇨ hombre)	ha'im hamakom motse χen be'ei'neχa?
	האם המקום מוצא חן בעיניך?
¿Le gusta este lugar? (⇨ mujer)	ha'im hamakom motse χen be'ei'nayiχ?
	האם המקום מוצא חן בעינייך?
¿Está aquí con alguien? (⇨ hombre)	ha'im ata nimtsa kan im 'miʃehu?
	האם אתה נמצא כאן עם מישהו?
¿Está aquí con alguien? (⇨ mujer)	ha'im at nimtset kan im 'miʃehu?
	האם את נמצאת כאן עם מישהו?
Estoy con mi amigo /amiga/.	ani kan im χaver /χavera/.
	אני כאן עם חבר /חברה/.
Estoy con amigos.	ani kan im χaverim.
	אני כאן עם חברים.
No, estoy solo /sola/.	lo, ani levad.
	לא, אני לבד.
¿Tienes novio?	ha'im yeʃ laχ χaver?
	האם יש לך חבר?
Tengo novio.	yeʃ li χaver.
	יש לי חבר.
¿Tienes novia?	ha'im yeʃ leχa χavera?
	האם יש לך חברה?
Tengo novia.	yeʃ li χavera.
	יש לי חברה.

¿Te puedo volver a ver? (⇨ hombre)	ha'im tirtse lehipageʃ ʃuv?
	האם תרצה להיפגש שוב?
¿Te puedo volver a ver? (⇨ mujer)	ha'im tirtsi lehipageʃ ʃuv?
	האם תרצי להיפגש שוב?
¿Te puedo llamar? (hombre ⇨ hombre)	ha'im ani yaχol lehitkaʃer e'leχa?
	האם אני יכול להתקשר אליך?
¿Te puedo llamar? (hombre ⇨ mujer)	ha'im ani yaχol lehitkaʃer e'layiχ?
	האם אני יכול להתקשר אלייך?
¿Te puedo llamar? (mujer ⇨ hombre)	ha'im ani yeχola lehitkaʃer e'leχa?
	האם אני יכולה להתקשר אליך?
¿Te puedo llamar? (mujer ⇨ mulher)	ha'im ani yeχola lehitkaʃer e'layiχ?
	האם אני יכולה להתקשר אלייך?
Llámame. (⇨ hombre)	hitkaʃer elai.
	התקשר אליי.
Llámame. (⇨ mujer)	hitkaʃri elai.
	התקשרי אליי.
¿Cuál es tu número? (⇨ hombre)	ma hamispar ʃelχa?
	מה המספר שלך?
¿Cuál es tu número? (⇨ mujer)	ma hamispar ʃelaχ?
	מה המספר שלך?
Te echo de menos. (hombre ⇨ hombre)	ani mitgaʻaʺgeʻa e'leχa.
	אני מתגעגע אליך.
Te echo de menos. (hombre ⇨ mujer)	ani mitgaʻaʺgeʻa e'layiχ.
	אני מתגעגע אלייך.

Te echo de menos. (mujer ⇨ hombre)	ani mitga'a"ga'at e'leχa. אני מתגעגעת אליך.
Te echo de menos. (mujer ⇨ mulher)	ani mitga'a"ga'at e'layiχ. אני מתגעגעת אלייך.
¡Qué nombre tan bonito! (hombre ⇨ hombre)	yeʃ leχa ʃem maksim. יש לך שם מקסים.
¡Qué nombre tan bonito! (hombre ⇨ mujer)	yeʃ laχ ʃem maksim. יש לך שם מקסים.
Te quiero.	ani ohev otaχ. אני אוהב אותך.
¿Te casarías conmigo?	ha'im titχatni iti? האם תתחתני איתי?
¡Está de broma!	at tso'χeket alai! את צוחקת עליי!
Sólo estoy bromeando. (hombre ⇨)	ani stam mitba'deaχ. אני סתם מתבדח.
Sólo estoy bromeando. (mujer ⇨)	ani stam mitba'daχat. אני סתם מתבדחת.

¿En serio? (⇨ hombre)	ha'im ata retsini? האם אתה רציני?
¿En serio? (⇨ mujer)	ha'im at retsinit? האם את רצינית?
Lo digo en serio. (hombre ⇨)	ani retsini. אני רציני.
Lo digo en serio. (mujer ⇨)	ani retsinit. אני רצינית.
¿De verdad?	be'emet?! באמת?!
¡Es increíble!	ze lo ye'uman! זה לא יאומן!
No le creo. (hombre ⇨ hombre)	ani lo ma'amin leχa. אני לא מאמין לך.
No le creo. (hombre ⇨ mujer)	ani lo ma'amin laχ. אני לא מאמין לך.
No le creo. (mujer ⇨ hombre)	ani lo ma'amina leχa. אני לא מאמינה לך.
No le creo. (mujer ⇨ mulher)	ani lo ma'amina laχ. אני לא מאמינה לך.

No puedo. (hombre ⇨)	ani lo yaχol. אני לא יכול.
No puedo. (mujer ⇨)	ani lo yeχola. אני לא יכולה.
No lo sé. (hombre ⇨)	ani lo yo'de'a. אני לא יודע.
No lo sé. (mujer ⇨)	ani lo yo'da'at. אני לא יודעת.
No le entiendo. (hombre ⇨ hombre)	ani lo mevin otχa. אני לא מבין אותך.
No le entiendo. (hombre ⇨ mujer)	ani lo mevin otaχ אני לא מבין אותך.

No le entiendo. (mujer ⇒ hombre)	ani lo mevina otχa. אני לא מבינה אותך.
No le entiendo. (mujer ⇒ mulher)	ani lo mevina otaχ. אני לא מבינה אותך.
Váyase, por favor. (⇒ hombre)	leχ mipo bevakaʃa. לך מפה בבקשה.
Váyase, por favor. (⇒ mujer)	leχi mipo bevakaʃa. לכי מפה בבקשה.
¡Déjeme en paz! (⇒ hombre)	azov oti! עזוב אותי!
¡Déjeme en paz! (⇒ mujer)	izvi oti! עזבי אותי!

Es inaguantable. (hombre ⇒)	ani lo sovel oto. אני לא סובל אותו.
Es inaguantable. (mujer ⇒)	ani lo so'velet oto. אני לא סובלת אותו.
¡Es un asqueroso! (⇒ hombre)	ata mag'il! אתה מגעיל!
¡Es un asqueroso! (⇒ mujer)	at mag'ila! את מגעילה!
¡Llamaré a la policía!	ani azmin miʃtara! אני אזמין משטרה!

Compartir impresiones. Emociones

Me gusta.	ze moʦe χen beʻeinai. זה מוצא חן בעיניי.
Muy lindo.	neχmad me'od. נחמד מאוד.
¡Es genial!	ze nehedar! זה נהדר!
No está mal.	ze lo ra. זה לא רע.

No me gusta.	ze lo moʦe χen beʻeinai. זה לא מוצא חן בעיניי.
No está bien.	ze lo yafe. זה לא יפה.
Está mal.	ze ra. זה רע.
Está muy mal.	ze ra me'od. זה רע מאוד.
¡Qué asco!	ze mag'il. זה מגעיל.

Estoy feliz. (hombre ⇨)	ani me'uʃar. אני מאושר.
Estoy feliz. (mujer ⇨)	ani me'u'ʃeret. אני מאושרת.
Estoy contento. (hombre ⇨)	ani meruʦe. אני מרוצה.
Estoy contenta. (mujer ⇨)	ani meruʦa. אני מרוצה.
Estoy enamorado. (hombre ⇨)	ani me'ohav. אני מאוהב.
Estoy enamorada. (mujer ⇨)	ani me'o'hevet. אני מאוהבת.
Estoy tranquilo. (hombre ⇨)	ani ra'guʻa. אני רגוע.
Estoy tranquila. (mujer ⇨)	ani reguʻa. אני רגועה.
Estoy aburrido. (hombre ⇨)	ani meʃuʻamam. אני משועמם.
Estoy aburrida. (mujer ⇨)	ani meʃuʻa'memet. אני משועממת.
Estoy cansado. (hombre ⇨)	ani ayef. אני עייף.
Estoy cansada. (mujer ⇨)	ani ayefa. אני עייפה.

Estoy triste. (hombre ⇨)	ani atsuv. אני עצוב.
Estoy triste. (mujer ⇨)	ani atsuva. אני עצובה.
Estoy asustado. (hombre ⇨)	ani poxed. אני פוחד.
Estoy asustada. (mujer ⇨)	ani po'xedet. אני פוחדת.
Estoy enfadado. (hombre ⇨)	ani ko'es. אני כועס.
Estoy enfadada. (mujer ⇨)	ani ko"eset. אני כועסת.
Estoy preocupado. (hombre ⇨)	ani mud'ag. אני מודאג.
Estoy preocupada. (mujer ⇨)	ani mud"eget. אני מודאגת.

Estoy nervioso. (hombre ⇨)	ani atsbani. אני עצבני.
Estoy nerviosa. (mujer ⇨)	ani atsbanit. אני עצבנית.
Estoy celoso. (hombre ⇨)	ani mekane. אני מקנא.
Estoy celosa. (mujer ⇨)	ani mekanet. אני מקנאת.
Estoy sorprendido. (hombre ⇨)	ani mufta. אני מופתע.
Estoy sorprendida. (mujer ⇨)	ani muf'ta'at. אני מופתעת.
Estoy perplejo. (hombre ⇨)	ani mevulbal. אני מבולבל.
Estoy perpleja. (mujer ⇨)	ani mevul'belet. אני מבולבלת.

Problemas, Accidentes

Tengo un problema.	yeʃ li beˈaya.
	יש לי בעייה.
Tenemos un problema.	yeʃ 'lanu beˈaya.
	יש לנו בעייה.
Estoy perdido /perdida/.	ha'laχti leˈibud.
	הלכתי לאיבוד.
Perdí el último autobús.	fis'fasti et ha''otobus ha'aχaron.
	פספסתי את האוטובוס האחרון.
Perdí el último tren.	fis'fasti et hara'kevet ha'aχrona.
	פספסתי את הרכבת האחרונה.
No me queda más dinero.	niʃˈarti bli 'kesef.
	נשארתי בלי כסף.

He perdido …	i'badti et ha … ʃeli
	איבדתי את ה ... שלי
Me han robado …	miʃehu ganav et ha … ʃeli
	מישהו גנב את ה ... שלי
mi pasaporte	darkon
	דרכון
mi cartera	arnak
	ארנק
mis papeles	teˈudot
	תעודות
mi billete	kartis
	כרטיס

mi dinero	kesef
	כסף
mi bolso	tik yad
	תיק יד
mi cámara	matslema
	מצלמה
mi portátil	maχʃev nayad
	מחשב נייד
mi tableta	maχʃev ʃulχani
	מחשב שולחני
mi teléfono	telefon nayad
	טלפון נייד

¡Ayúdeme!	izru li!
	עזרו לי!
¿Qué pasó?	ma kara?
	מה קרה?

el incendio	srefa שריפה
un tiroteo	yeriyot יריות
el asesinato	retsax רצח
una explosión	pitsuts פיצוץ
una pelea	ktata קטטה

¡Llame a la policía!	haz'minu mi∫tara !הזמינו משטרה
¡Más rápido, por favor!	ana maharu! !אנא מהרו
Busco la comisaría. (hombre ⇨)	ani mexapes et taxanat hami∫tara. .אני מחפש את תחנת המשטרה
Busco la comisaría. (mujer ⇨)	ani mexa'peset et taxanat hami∫tara. .אני מחפשת את תחנת המשטרה
Tengo que hacer una llamada. (hombre ⇨)	ani tsarix lehitka∫er. .אני צריך להתקשר
Tengo que hacer una llamada. (mujer ⇨)	ani tsrixa lehitka∫er. .אני צריכה להתקשר
¿Puedo usar su teléfono? (⇨ hombre)	ha'im e∫ar lehi∫tame∫ be'telefon ∫elxa? ?האם אפשר להשתמש בטלפון שלך
¿Puedo usar su teléfono? (⇨ mujer)	ha'im e∫ar lehi∫tame∫ be'telefon ∫elax? ?האם אפשר להשתמש בטלפון שלך

Me han …	ani … ... אני
asaltado /asaltada/	hut'kafti הותקפתי
robado /robada/	ni∫'dadti נשדדתי
violada	ne'e'nasti נאנסתי
atacado /atacada/	hu'keti הוביתי

¿Se encuentra bien? (⇨ hombre)	ha'im ata be'seder? ?האם אתה בסדר
¿Se encuentra bien? (⇨ mujer)	ha'im at be'seder? ?האם את בסדר
¿Ha visto quien a sido? (⇨ hombre)	ha'im ra''ita mi asa et ze? ?האם ראית מי עשה את זה
¿Ha visto quien a sido? (⇨ mujer)	ha'im ra'it mi asa et ze? ?האם ראית מי עשה את זה
¿Sería capaz de reconocer a la persona? (⇨ hombre)	ha'im tuxal lezahot et oto adam? ?האם תוכל לזהות את אותו אדם
¿Sería capaz de reconocer a la persona? (⇨ mujer)	ha'im tuxli lezahot et oto adam? ?האם תוכלי לזהות את אותו אדם

¿Está usted seguro? (⇨ hombre)
ha'im ata ba'tuaχ?
האם אתה בטוח?

¿Está usted seguro? (⇨ mujer)
ha'im at betuχa?
האם את בטוחה?

Por favor, cálmese. (⇨ hombre)
heraga, bevakaʃa.
הירגע בבקשה.

Por favor, cálmese. (⇨ mujer)
herag'i, bevakaʃa.
הירגעי בבקשה.

¡Cálmese! (⇨ hombre)
teraga!
תירגע!

¡Cálmese! (⇨ mujer)
terag'i!
תירגעי!

¡No se preocupe! (⇨ hombre)
al tid'ag!
אל תדאג!

¡No se preocupe! (⇨ mujer)
al tid'agi!
אל תדאגי!

Todo irá bien.
hakol yihye be'seder.
הכל יהיה בסדר.

Todo está bien.
hakol be'seder.
הכל בסדר.

Venga aquí, por favor. (⇨ hombre)
bo 'hena, bevakaʃa.
בוא הנה, בבקשה.

Venga aquí, por favor. (⇨ mujer)
bo'i 'hena, bevakaʃa.
בואי הנה, בבקשה.

Tengo unas preguntas para usted. (⇨ hombre)
yeʃ li 'kama ʃe'elot e'leχa.
יש לי כמה שאלות אליך.

Tengo unas preguntas para usted. (⇨ mujer)
yeʃ li 'kama ʃe'elot e'layiχ.
יש לי כמה שאלות אלייך.

Espere un momento, por favor. (⇨ hombre)
χake 'rega, bevakaʃa.
חכה רגע, בבקשה.

Espere un momento, por favor. (⇨ mujer)
χaki 'rega, bevakaʃa.
חכי רגע, בבקשה.

¿Tiene un documento de identidad? (⇨ hombre)
ha'im yeʃ leχa te'uda mezaha?
האם יש לך תעודה מזהה?

¿Tiene un documento de identidad? (⇨ mujer)
ha'im yeʃ laχ te'uda mezaha?
האם יש לך תעודה מזהה?

Gracias. Puede irse ahora. (⇨ hombre)
toda. ata yaχol la'leχet aχʃav.
תודה. אתה יכול ללכת עכשיו.

Gracias. Puede irse ahora. (⇨ mujer)
toda. at yeχola la'leχet aχʃav.
תודה. את יכולה ללכת עכשיו.

¡Manos detrás de la cabeza!
ya'dayim aχarei haroʃ!
ידיים אחרי הראש!

¡Está arrestado! (⇨ hombre)
ata atsur!
אתה עצור!

¡Está arrestada! (⇨ mujer)
at atsura!
את עצורה!

Problemas de salud

Ayudeme, por favor. (⇨ hombre)	azor li bevaka∫a.
	עזור לי בבקשה.
Ayudeme, por favor. (⇨ mujer)	izri li bevaka∫a.
	עזרי לי בבקשה.
No me encuentro bien. (hombre ⇨)	ani lo margi∫ tov.
	אני לא מרגיש טוב.
No me encuentro bien. (mujer ⇨)	ani lo margi∫a tov.
	אני לא מרגישה טוב.
Mi marido no se encuentra bien.	ba'ali lo margi∫ tov.
	בעלי לא מרגיש טוב.
Mi hijo …	haben ∫eli …
	… הבן שלי
Mi padre …	avi …
	… אבי

Mi mujer no se encuentra bien.	i∫ti lo margi∫a tov.
	אשתי לא מרגישה טוב.
Mi hija …	habat ∫eli …
	… הבת שלי
Mi madre …	immi …
	… אמי

Me duele …	ye∫ li …
	… יש לי
la cabeza	ke'ev ro∫
	כאב ראש
la garganta	ke'ev garon
	כאב גרון
el estómago	ke'ev 'beten
	כאב בטן
un diente	ke'ev ∫i'nayim
	כאב שיניים

Estoy mareado.	ye∫ li sχar'χoret.
	יש לי סחרחורת.
Él tiene fiebre.	ye∫ lo χom.
	יש לו חום.
Ella tiene fiebre.	ye∫ la χom.
	יש לה חום.
No puedo respirar. (hombre ⇨)	ani lo yaχol lin∫om.
	אני לא יכול לנשום.
No puedo respirar. (mujer ⇨)	ani lo yeχola lin∫om.
	אני לא יכולה לנשום.

Me ahogo.	yeʃ li 'kotser neʃima. יש לי קוצר נשימה.
Tengo asma. (hombre ⇨)	ani ast'mati. אני אסתמתי.
Tengo asma. (mujer ⇨)	ani ast'matit. אני אסתמתית.
Tengo diabetes.	yeʃ li su'keret. יש לי סוכרת.
No puedo dormir. (hombre ⇨)	ani lo yaχol liʃon. אני לא יכול לישון.
No puedo dormir. (mujer ⇨)	ani lo yeχola liʃon. אני לא יכולה לישון.
intoxicación alimentaria	har'alat mazon הרעלת מזון

Me duele aquí.	ko'ev li kan. כואב לי כאן.
¡Ayúdeme!	izru li! עזרו לי!
¡Estoy aquí!	ani po! אני פה!
¡Estamos aquí!	a'naχnu kan! אנחנו כאן!
¡Saquenme de aquí!	hots'i'u oti mikan! הוציאו אותי מכאן!
Necesito un médico. (hombre ⇨)	ani tsariχ rofe. אני צריך רופא.
Necesito un médico. (mujer ⇨)	ani tsriχa rofe. אני צריכה רופא.
No me puedo mover. (hombre ⇨)	ani lo yaχol lazuz. אני לא יכול לזוז.
No me puedo mover. (mujer ⇨)	ani lo yeχola lazuz. אני לא יכולה לזוז.
No puedo mover mis piernas. (hombre ⇨)	ani lo yaχol lehaziz et harag'layim. אני לא יכול להזיז את הרגליים.
No puedo mover mis piernas. (mujer ⇨)	ani lo yeχola lehaziz et harag'layim. אני לא יכולה להזיז את הרגליים.

Tengo una herida.	yeʃ li 'petsa. יש לי פצע.
¿Es grave?	ha'im ze retsini? האם זה רציני?
Mis documentos están en mi bolsillo.	hate'udot ʃeli bakis. התעודות שלי בכיס.
¡Cálmese! (⇨ hombre)	heraga! הירגע!
¡Cálmese! (⇨ mujer)	herag'i! הירגעי!
¿Puedo usar su teléfono? (hombre ⇨ hombre)	ha'im ani yaχol lehiʃtameʃ ba'telefon ʃelχa? האם אני יכול להשתמש בטלפון שלך?

¿Puedo usar su teléfono? (hombre ⇨ mujer)

ha'im ani yaχol lehiʃtameʃ ba'telefon ʃelaχ?
האם אני יכול להשתמש
בטלפון שלך?

¿Puedo usar su teléfono? (mujer ⇨ mulher)

ha'im ani yeχola lehiʃtameʃ ba'telefon ʃelaχ?
האם אני יכולה להשתמש
בטלפון שלך?

¿Puedo usar su teléfono? (mujer ⇨ hombre)

ha'im ani yeχola lehiʃtameʃ ba'telefon ʃelχa?
האם אני יכולה להשתמש
בטלפון שלך?

¡Llame a una ambulancia!

haz'minu 'ambulans!
הזמינו אמבולנס!

¡Es urgente!

ze daχuf!
זה דחוף!

¡Es una emergencia!

ze matsav χerum!
זה מצב חירום!

¡Más rápido, por favor!

ana maharu!
אנא מהרו!

¿Puede llamar a un médico, por favor? (⇨ hombre)

ha'im ata yaχol lehazmin rofe, bevakaʃa?
האם אתה יכול להזמין רופא בבקשה?

¿Puede llamar a un médico, por favor? (⇨ mujer)

ha'im at yeχola lehazmin rofe, bevakaʃa?
האם את יכולה להזמין רופא בבקשה?

¿Dónde está el hospital?

eifo beit haχolim?
איפה בית החולים?

¿Cómo se siente? (⇨ hombre)

eiχ ata margiʃ?
איך אתה מרגיש?

¿Cómo se siente? (⇨ mujer)

eiχ at margiʃa?
איך את מרגישה?

¿Se encuentra bien? (⇨ hombre)

ha'im ata be'seder?
האם אתה בסדר?

¿Se encuentra bien? (⇨ mujer)

ha'im at be'seder?
האם את בסדר?

¿Qué pasó?

ma kara?
מה קרה?

Me encuentro mejor. (hombre ⇨)

ani margiʃ yoter tov aχʃav.
אני מרגיש טוב יותר עכשיו.

Me encuentro mejor. (mujer ⇨)

ani margiʃa yoter tov aχʃav.
אני מרגישה טוב יותר עכשיו.

Está bien.

ze be'seder.
זה בסדר.

Todo está bien.

ze be'seder.
זה בסדר.

En la farmacia

la farmacia	beit mer'kaχat בית מרקחת
la farmacia 24 horas	beit mer'kaχat pa'tuaχ esrim ve'arba ʃa'ot biymama בית מרקחת פתוח עשרים וארבע שעות ביממה
¿Dónde está la farmacia más cercana?	eifo beit hamer'kaχat hakarov beyoter? איפה בית המרקחת הקרוב ביותר?
¿Está abierta ahora?	ha'im ze pa'tuaχ aχʃav? האם זה פתוח עכשיו?
¿A qué hora abre?	be"eizo ʃa'a ze niftaχ? באיזו שעה זה נפתח?
¿A qué hora cierra?	be"eizo ʃa'a ze nisgar? באיזו שעה זה נסגר?
¿Está lejos?	ha'im ze raχok? האם זה רחוק?
¿Puedo llegar a pie? (hombre ⇨)	ha'im ani yaχol la'leχet leʃam ba'regel? האם אני יכול ללכת לשם ברגל?
¿Puedo llegar a pie? (mujer ⇨)	ha'im ani yeχola la'leχet leʃam ba'regel? האם אני יכולה ללכת לשם ברגל?
¿Puede mostrarme en el mapa? (⇨ hombre)	ha'im ata yaχol lehar'ot li al hamapa? האם אתה יכול להראות לי על המפה?
¿Puede mostrarme en el mapa? (⇨ mujer)	ha'im at yeχola lehar'ot li al hamapa? האם את יכולה להראות לי על המפה?
Por favor, deme algo para … (⇨ hombre)	ten li bevakaʃa 'maʃehu 'neged … תן לי בבקשה משהו נגד ...
Por favor, deme algo para … (⇨ mujer)	tni li bevakaʃa 'maʃehu 'neged … תני לי בבקשה משהו נגד ...
un dolor de cabeza	ke'ev roʃ כאב ראש
la tos	ʃi'ul שיעול
el resfriado	hitkarerut התקררות
la gripe	ʃa'pa'at שפעת
la fiebre	χom חום
un dolor de estomago	ke'ev 'beten כאב בטן

nauseas	bχila בחילה
la diarrea	ʃilʃul שלשול
el estreñimiento	atsirut עצירות

un dolor de espalda	ke'ev bagav כאב בגב
un dolor de pecho	ke'ev baχaze כאב בחזה
el flato	dkirot batsad דקירות בצד
un dolor abdominal	ke'ev ba'beten כאב בבטן

la píldora	glula גלולה
la crema	miʃχa, krem משחה, קרם
el jarabe	sirop סירופ
el spray	tarsis תרסיס
las gotas	tipot טיפות

Tiene que ir al hospital. (⇒ hombre)	ata tsariχ la'leχet leveit χolim. אתה צריך ללכת לבית חולים.
Tiene que ir al hospital. (⇒ mujer)	at tsriχa la'leχet leveit χolim. את צריכה ללכת לבית חולים.
el seguro de salud	bi'tuaχ bri'ut ביטוח בריאות
la receta	mirʃam מרשם
el repelente de insectos	doχe χarakim דוחה חרקים
la curita	plaster פלסטר

Lo más imprescindible

Perdone, ... (⇨ hombre)	slaχ li, ... ,סלח לי
Perdone, ... (⇨ mujer)	silχi li, ... ,סלחי לי
Hola.	ʃalom. שלום.
Gracias.	toda. תודה.
Sí.	ken. כן.
No.	lo. לא.
No lo sé. (hombre ⇨)	ani lo yo'de'a. אני לא יודע.
No lo sé. (mujer ⇨)	ani lo yo'da'at. אני לא יודעת.
¿Dónde? | ¿A dónde? | ¿Cuándo?	eifo? | le'an? | matai? ?איפה | ?לאן | ?מתי

Necesito ... (hombre ⇨)	ani tsariχ ... ... צריך אני
Necesito ... (mujer ⇨)	ani tsriχa ... ... צריכה אני
Quiero ... (hombre ⇨)	ani rotse ... ... רוצה אני
Quiero ... (mujer ⇨)	ani rotsa ... ... רוצה אני
¿Tiene ...? (⇨ hombre)	ha'im yeʃ leχa ...? ?... לך יש האם
¿Tiene ...? (⇨ mujer)	ha'im yeʃ laχ ...? ?... לך יש האם
¿Hay ... por aquí?	ha'im yeʃ po ...? ?... פה יש האם
¿Puedo ...? (hombre ⇨)	ha'im ani yaχol ...? ?... יכול אני האם
¿Puedo ...? (mujer ⇨)	ha'im ani yeχola ...? ?... יכולה אני האם
..., por favor? (petición educada)	..., bevakaʃa ... ,בבקשה

Busco ... (hombre ⇨)	ani meχapes ... ... מחפש אני
Busco ... (mujer ⇨)	ani meχa'peset ... ... מחפשת אני

el servicio	ʃerutim
	שירותים
un cajero automático	kaspomat
	כספומט
una farmacia	beit mer'kaχat
	בית מרקחת
el hospital	beit χolim
	בית חולים
la comisaría	taχanat miʃtara
	תחנת משטרה
el metro	ra'kevet taχtit
	רכבת תחתית
un taxi	monit, 'teksi
	מונית, טקסי
la estación de tren	taχanat ra'kevet
	תחנת רכבת

Me llamo …	kor'im li …
	קוראים לי ...
¿Cómo se llama? (⇨ hombre)	eiχ kor'im leχa?
	איך קוראים לך?
¿Cómo se llama? (⇨ mujer)	eiχ kor'im laχ?
	איך קוראים לך?

¿Puede ayudarme, por favor? (⇨ hombre)	ha'im ata yaχol la'azor li?
	האם אתה יכול לעזור לי?
¿Puede ayudarme, por favor? (⇨ mujer)	ha'im at yeχola la'azor li?
	האם את יכולה לעזור לי?
Tengo un problema.	yeʃ li be'aya.
	יש לי בעייה.
Me encuentro mal. (hombre ⇨)	ani lo margiʃ tov.
	אני לא מרגיש טוב.
Me encuentro mal. (mujer ⇨)	ani lo margiʃa tov.
	אני לא מרגישה טוב.

¡Llame a una ambulancia! (⇨ hombre)	hazmen 'ambulans!
	הזמן אמבולנס!
¡Llame a una ambulancia! (⇨ mujer)	haz'mini 'ambulans!
	הזמיני אמבולנס!
¿Puedo llamar, por favor? (hombre ⇨)	ha'im ani yaχol lehitkaʃer?
	האם אני יכול להתקשר?
¿Puedo llamar, por favor? (mujer ⇨)	ha'im ani yeχola lehitkaʃer?
	האם אני יכולה להתקשר?

Lo siento. (hombre ⇨)	ani mitsta'er.
	אני מצטער.
Lo siento. (mujer ⇨)	ani mitsta"eret.
	אני מצטערת.
De nada.	ein be'ad ma, bevakaʃa.
	אין בעד מה, בבקשה.
Yo	ani
	אני

tú (masc.)	ata	אתה
tú (fem.)	at	את
él	hu	הוא
ella	hi	היא
ellos	hem	הם
ellas	hen	הן
nosotros /nosotras/	a'naχnu	אנחנו
ustedes, vosotros (masc.)	atem	אתם
ustedes, vosotras (fem.)	aten	אתן
usted (masc.)	ata	אתה
usted (fem.)	at	את

ENTRADA	knisa	כניסה
SALIDA	yetsi'a	יציאה
FUERA DE SERVICIO	lo po'el	לא פועל
CERRADO	sagur	סגור
ABIERTO	pa'tuaχ	פתוח
PARA SEÑORAS	lenaʃim	לנשים
PARA CABALLEROS	ligvarim	לגברים

VOCABULARIO TEMÁTICO

Esta sección contiene más
de 3.000 de las palabras más
importantes. El diccionario
le proporcionará una ayuda
inestimable mientras viaja al
extranjero, porque las palabras
individuales son a menudo
suficientes para que
le entiendan.
El diccionario incluye una
transcripción adecuada
de cada palabra extranjera

T&P Books Publishing

CONTENIDO
DEL DICCIONARIO

T&P Books Publishing

T&P BOOKS

CONCEPTOS BÁSICOS

1. Los pronombres

yo	ani	אֲנִי (ז, נ)
tú (masc.)	ata	אַתָּה (ז)
tú (fem.)	at	אַתְּ (נ)
él	hu	הוּא (ז)
ella	hi	הִיא (נ)
nosotros, -as	a'naχnu	אֲנַחְנוּ (ז, נ)
vosotros	atem	אַתֶּם (ז״ר)
vosotras	aten	אַתֶּן (נ״ר)
Usted	ata, at	אַתָּה (ז), אַתְּ (נ)
Ustedes	atem, aten	אַתֶּם (ז״ר), אַתֶּן (נ״ר)
ellos	hem	הֵם (ז״ר)
ellas	hen	הֵן (נ״ר)

2. Saludos. Salutaciones

¡Hola! (fam.)	ʃalom!	שָׁלוֹם!
¡Hola! (form.)	ʃalom!	שָׁלוֹם!
¡Buenos días!	'boker tov!	בּוֹקֶר טוֹב!
¡Buenas tardes!	tsaha'rayim tovim!	צָהֳרַיִים טוֹבִים!
¡Buenas noches!	'erev tov!	עֶרֶב טוֹב!
decir hola	lomar ʃalom	לוֹמַר שָׁלוֹם
¡Hola! (a un amigo)	hai!	הַיי!
saludo (m)	ahlan	אַהֲלָן
saludar (vt)	lomar ʃalom	לוֹמַר שָׁלוֹם
¿Cómo estáis?	ma ʃlomeχ?, ma ʃlomχa?	מַה שְׁלוֹמֵךְ? (נ), מַה שְׁלוֹמְךָ? (ז)
¿Cómo estás?	ma niʃma?	מַה נִשְׁמָע?
¿Qué hay de nuevo?	ma χadaʃ?	מַה חָדָשׁ?
¡Hasta la vista! (form.)	lehitra'ot!	לְהִתְרָאוֹת!
¡Hasta la vista! (fam.)	bai!	בַּיי!
¡Hasta pronto!	lehitra'ot bekarov!	לְהִתְרָאוֹת בְּקָרוֹב!
¡Adiós!	lehitra'ot!	לְהִתְרָאוֹת!
despedirse (vr)	lomar lehitra'ot	לוֹמַר לְהִתְרָאוֹת
¡Hasta luego!	bai!	בַּיי!
¡Gracias!	toda!	תּוֹדָה!
¡Muchas gracias!	toda raba!	תּוֹדָה רַבָּה!
De nada	bevakaʃa	בְּבַקָּשָׁה
No hay de qué	al lo davar	עַל לֹא דָּבָר

De nada	ein be'ad ma	אֵין בְּעַד מָה
¡Disculpa! ¡Disculpe!	sliẍa!	סְלִיחָה!
disculpar (vt)	lis'loaẍ	לִסְלוֹחַ

disculparse (vr)	lehitnatsel	לְהִתְנַצֵּל
Mis disculpas	ani mitnatsel,	אֲנִי מִתְנַצֵּל (ז),
	ani mitna'tselet	אֲנִי מִתְנַצֶּלֶת (נ)
¡Perdóneme!	ani mitsta'er,	אֲנִי מִצְטַעֵר (ז),
	ani mitsta''eret	אֲנִי מִצְטַעֶרֶת (נ)
perdonar (vt)	lis'loaẍ	לִסְלוֹחַ
¡No pasa nada!	lo nora	לֹא נוֹרָא
por favor	bevakaʃa	בְּבַקָּשָׁה

¡No se le olvide!	al tiʃkaẍ!	אַל תִּשְׁכַּח! (ז)
¡Ciertamente!	'betaẍ!	בֶּטַח!
¡Claro que no!	'betaẍ ʃelo!	בֶּטַח שֶׁלֹא!
¡De acuerdo!	okei!	אוֹקֵיי!
¡Basta!	maspik!	מַסְפִּיק!

3. Las preguntas

¿Quién?	mi?	מִי?
¿Qué?	ma?	מָה?
¿Dónde?	'eifo?	אֵיפֹה?
¿Adónde?	le'an?	לְאָן?
¿De dónde?	me''eifo?	מֵאֵיפֹה?
¿Cuándo?	matai?	מָתַי?
¿Para qué?	'lama?	לָמָה?
¿Por qué?	ma'du'a?	מַדּוּעַ?

¿Por qué razón?	biʃvil ma?	בִּשְׁבִיל מָה?
¿Cómo?	eiẍ, keitsad?	כֵּיצַד? אֵיך?
¿Qué ...? (~ color)	'eize?	אֵיזֶה?
¿Cuál?	'eize?	אֵיזֶה?

¿A quién?	lemi?	לְמִי?
¿De quién? (~ hablan ...)	al mi?	עַל מִי?
¿De qué?	al ma?	עַל מָה?
¿Con quién?	im mi?	עִם מִי?

| ¿Cuánto? | 'kama? | כַּמָּה? |
| ¿De quién? | ʃel mi? | שֶׁל מִי? |

4. Las preposiciones

con ... (~ algn)	im	עִם
sin ... (~ azúcar)	bli, lelo	בְּלִי, לְלֹא
a ... (p.ej. voy a México)	le...	לְ...

de ... (hablar ~)	al	עַל
antes de ...	lifnei	לִפְנֵי
delante de ...	lifnei	לִפְנֵי

debajo	mi'taχat le...	מִתַּחַת לְ...
sobre ..., encima de ...	me'al	מֵעַל
en, sobre (~ la mesa)	al	עַל
de (origen)	mi, me	מִ, מְ
de (fabricado de)	mi, me	מִ, מְ

| dentro de ... | toχ | תּוֹךְ |
| encima de ... | 'dereχ | דֶּרֶךְ |

5. Las palabras útiles. Los adverbios. Unidad 1

¿Dónde?	'eifo?	אֵיפֹה?
aquí (adv)	po, kan	פֹּה, כָּאן
allí (adv)	ʃam	שָׁם

| en alguna parte | 'eifo ʃehu | אֵיפֹה שֶׁהוּא |
| en ninguna parte | beʃum makom | בְּשׁוּם מָקוֹם |

| junto a ... | leyad ... | לְיַד ... |
| junto a la ventana | leyad haχalon | לְיַד הַחַלּוֹן |

¿A dónde?	le'an?	לְאָן?
aquí (venga ~)	'hena, lekan	הֵנָּה; לְכָאן
allí (vendré ~)	leʃam	לְשָׁם
de aquí (adv)	mikan	מִכָּאן
de allí (adv)	miʃam	מִשָּׁם

| cerca (no lejos) | karov | קָרוֹב |
| lejos (adv) | raχok | רָחוֹק |

cerca de ...	leyad	לְיַד
al lado (de ...)	karov	קָרוֹב
no lejos (adv)	lo raχok	לֹא רָחוֹק

izquierdo (adj)	smali	שְׂמָאלִי
a la izquierda (situado ~)	mismol	מִשְׂמֹאל
a la izquierda (girar ~)	'smola	שְׂמֹאלָה

derecho (adj)	yemani	יְמָנִי
a la derecha (situado ~)	miyamin	מִיָּמִין
a la derecha (girar)	ya'mina	יָמִינָה

delante (yo voy ~)	mika'dima	מִקָּדִימָה
delantero (adj)	kidmi	קִדְמִי
adelante (movimiento)	ka'dima	קָדִימָה
detrás de ...	me'aχor	מֵאָחוֹר

desde atrás	me'aχor	מֵאָחוֹר
atrás (da un paso ~)	a'χora	אָחוֹרָה
centro (m), medio (m)	'emtsa	אֶמְצַע (r)
en medio (adv)	ba''emtsa	בָּאֶמְצַע
de lado (adv)	mehatsad	מֵהַצַּד
en todas partes	beχol makom	בְּכָל מָקוֹם
alrededor (adv)	misaviv	מִסָּבִיב
de dentro (adv)	mibifnim	מִבִּפְנִים
a alguna parte	le'an ʃehu	לְאָן שֶׁהוּא
todo derecho (adv)	yaʃar	יָשָׁר
atrás (muévelo para ~)	baχazara	בַּחֲזָרָה
de alguna parte (adv)	me'ei ʃam	מֵאֵי שָׁם
no se sabe de dónde	me'ei ʃam	מֵאֵי שָׁם
primero (adv)	reʃit	רֵאשִׁית
segundo (adv)	ʃenit	שֵׁנִית
tercero (adv)	ʃliʃit	שְׁלִישִׁית
de súbito (adv)	pit'om	פִּתְאוֹם
al principio (adv)	behatslaχa	בַּהַתְחָלָה
por primera vez	lariʃona	לָרִאשׁוֹנָה
mucho tiempo antes ...	zman rav lifnei ...	זְמַן רַב לִפְנֵי ...
de nuevo (adv)	meχadaʃ	מֵחָדָשׁ
para siempre (adv)	letamid	לְתָמִיד
jamás, nunca (adv)	af 'paʿam, meʿolam	מֵעוֹלָם, אַף פַּעַם
de nuevo (adv)	ʃuv	שׁוּב
ahora (adv)	aχʃav, ka'et	עַבְשָׁיו, כָּעֵת
frecuentemente (adv)	le'itim krovot	לְעִיתִּים קְרוֹבוֹת
entonces (adv)	az	אָז
urgentemente (adv)	bidχifut	בְּדְחִיפוּת
usualmente (adv)	be'dereχ klal	בְּדֶרֶךְ כְּלָל
a propósito, ...	'dereχ 'agav	דֶּרֶךְ אַגַב
es probable	efʃari	אֶפְשָׁרִי
probablemente (adv)	kanir'e	כַּנִרְאֶה
tal vez	ulai	אוּלַי
además ...	χuts mize ...	חוּץ מִזֶּה ...
por eso ...	laχen	לָכֵן
a pesar de ...	lamrot ...	לַמְרוֹת ...
gracias a ...	hodot le...	הוֹדוֹת לְ...
qué (pron)	ma	מָה
que (conj)	ʃe	שֶׁ
algo (~ le ha pasado)	'maʃehu	מַשֶּׁהוּ
algo (~ así)	'maʃehu	מַשֶּׁהוּ
nada (f)	klum	כְּלוּם
quien	mi	מִי

| alguien (viene ~) | 'miʃehu, 'miʃehi | מִישֶהוּ (ז), מִישֶהִי (נ) |
| alguien (¿ha llamado ~?) | 'miʃehu, 'miʃehi | מִישֶהוּ (ז), מִישֶהִי (נ) |

nadie	af exad, af axat	אַף אָחָד (ז), אַף אַחַת (נ)
a ninguna parte	leʃum makom	לְשוּם מָקוֹם
de nadie	lo ʃayax le'af exad	לֹא שַיָיךְ לְאַף אָחָד
de alguien	ʃel 'miʃehu	שֶל מִישֶהוּ

tan, tanto (adv)	kol kax	כָּל־כָּךְ
también (~ habla francés)	gam	גַם
también (p.ej. Yo ~)	gam	גַם

6. Las palabras útiles. Los adverbios. Unidad 2

¿Por qué?	ma'du'a?	מַדוּעַ?
no se sabe porqué	miʃum ma	מִשוּם־מָה
porque …	miʃum ʃe	מִשוּם שֶ
por cualquier razón (adv)	lematara 'kolʃehi	לְמַטָרָה כָּלשֶהִי

y (p.ej. uno y medio)	ve …	וְ …
o (p.ej. té o café)	o	אוֹ
pero (p.ej. me gusta, ~)	aval, ulam	אֲבָל, אוּלָם
para (p.ej. es para ti)	biʃvil	בָּשבִיל

demasiado (adv)	yoter midai	יוֹתֵר מִדַי
sólo, solamente (adv)	rak	רַק
exactamente (adv)	bediyuk	בְּדִיוּק
unos …,	be''erex	בְּעֵרֶךְ
cerca de … (~ 10 kg)		

aproximadamente	be''erex	בְּעֵרֶךְ
aproximado (adj)	meʃo'ar	מְשוֹעָר
casi (adv)	kim'at	כִּמעַט
resto (m)	ʃe'ar	שאָר (ז)

el otro (adj)	axer	אַחֵר
otro (p.ej. el otro día)	axer	אַחֵר
cada (adj)	kol	כָּל
cualquier (adj)	kolʃehu	כָּלשֶהוּ
mucho (adv)	harbe	הַרבֵּה
muchos (mucha gente)	harbe	הַרבֵּה
todos	kulam	כּוּלָם

a cambio de …	tmurat …	תמוּרַת …
en cambio (adv)	bitmura	בָּתמוּרָה
a mano (hecho ~)	bayad	בַּיָד
poco probable	safek im	סָפֵק אִם

| probablemente | karov levadai | קָרוֹב לְוַודַאי |
| a propósito (adv) | 'davka | דַווקָא |

por accidente (adv)	bemikre	בְּמִקְרֶה
muy (adv)	me'od	מְאֹד
por ejemplo (adv)	lemaʃal	לְמָשָׁל
entre (~ nosotros)	bein	בֵּין
entre (~ otras cosas)	be'kerev	בְּקֶרֶב
tanto (~ gente)	kol kaχ harbe	כָּל־כָּךְ הַרְבֵּה
especialmente (adv)	bimyuχad	בִּמְיוּחָד

.

NÚMEROS. MISCELÁNEA

T&P Books Publishing

cero	'efes	אֶפֶס (ז)
uno	eχad	אֶחָד (ז)
una	aχat	אַחַת (נ)
dos	'ʃtayim	שְׁתַּיִם (נ)
tres	ʃaloʃ	שָׁלוֹשׁ (נ)
cuatro	arba	אַרְבַּע (נ)

cinco	χameʃ	חָמֵשׁ (נ)
seis	ʃeʃ	שֵׁשׁ (נ)
siete	'ʃeva	שֶׁבַע (נ)
ocho	'ʃmone	שְׁמוֹנֶה (נ)
nueve	'teʃa	תֵּשַׁע (נ)

diez	'eser	עֶשֶׂר (נ)
once	aχat esre	אַחַת־עֶשְׂרֵה (נ)
doce	ʃteim esre	שְׁתֵּים־עֶשְׂרֵה (נ)
trece	ʃloʃ esre	שְׁלוֹשׁ־עֶשְׂרֵה (נ)
catorce	arba esre	אַרְבַּע־עֶשְׂרֵה (נ)

quince	χameʃ esre	חָמֵשׁ־עֶשְׂרֵה (נ)
dieciséis	ʃeʃ esre	שֵׁשׁ־עֶשְׂרֵה (נ)
diecisiete	ʃva esre	שְׁבַע־עֶשְׂרֵה (נ)
dieciocho	ʃmone esre	שְׁמוֹנֶה־עֶשְׂרֵה (נ)
diecinueve	tʃa esre	תְּשַׁע־עֶשְׂרֵה (נ)

veinte	esrim	עֶשְׂרִים
veintiuno	esrim ve'eχad	עֶשְׂרִים וְאֶחָד
veintidós	esrim u'ʃnayim	עֶשְׂרִים וּשְׁנַיִם
veintitrés	esrim uʃloʃa	עֶשְׂרִים וּשְׁלוֹשָׁה

treinta	ʃloʃim	שְׁלוֹשִׁים
treinta y uno	ʃloʃim ve'eχad	שְׁלוֹשִׁים וְאֶחָד
treinta y dos	ʃloʃim u'ʃnayim	שְׁלוֹשִׁים וּשְׁנַיִם
treinta y tres	ʃloʃim uʃloʃa	שְׁלוֹשִׁים וּשְׁלוֹשָׁה

cuarenta	arba'im	אַרְבָּעִים
cuarenta y uno	arba'im ve'eχad	אַרְבָּעִים וְאֶחָד
cuarenta y dos	arba'im u'ʃnayim	אַרְבָּעִים וּשְׁנַיִם
cuarenta y tres	arba'im uʃloʃa	אַרְבָּעִים וּשְׁלוֹשָׁה

cincuenta	χamiʃim	חֲמִישִׁים
cincuenta y uno	χamiʃim ve'eχad	חֲמִישִׁים וְאֶחָד
cincuenta y dos	χamiʃim u'ʃnayim	חֲמִישִׁים וּשְׁנַיִם
cincuenta y tres	χamiʃim uʃloʃa	חֲמִישִׁים וּשְׁלוֹשָׁה

sesenta	ʃiʃim	שִׁישִׁים
sesenta y uno	ʃiʃim ve'eχad	שִׁישִׁים וְאָחָד
sesenta y dos	ʃiʃim u'ʃnayim	שִׁישִׁים וּשׁנַיִים
sesenta y tres	ʃiʃim uʃloʃa	שִׁישִׁים וּשׁלוֹשָׁה

setenta	ʃiv'im	שׁבעִים
setenta y uno	ʃiv'im ve'eχad	שׁבעִים וְאָחָד
setenta y dos	ʃiv'im u'ʃnayim	שׁבעִים וּשׁנַיִים
setenta y tres	ʃiv'im uʃloʃa	שׁבעִים וּשׁלוֹשָׁה

ochenta	ʃmonim	שׁמוֹנִים
ochenta y uno	ʃmonim ve'eχad	שׁמוֹנִים וְאָחָד
ochenta y dos	ʃmonim u'ʃnayim	שׁמוֹנִים וּשׁנַיִים
ochenta y tres	ʃmonim uʃloʃa	שׁמוֹנִים וּשׁלוֹשָׁה

noventa	tiʃ'im	תִּשׁעִים
noventa y uno	tiʃ'im ve'eχad	תִּשׁעִים וְאָחָד
noventa y dos	tiʃ'im u'ʃayim	תִּשׁעִים וּשׁנַיִים
noventa y tres	tiʃ'im uʃloʃa	תִּשׁעִים וּשׁלוֹשָׁה

8. Números cardinales. Unidad 2

cien	'me'a	מֵאָה (נ)
doscientos	ma'tayim	מָאתַיִים
trescientos	ʃloʃ me'ot	שׁלוֹשׁ מֵאוֹת (נ)
cuatrocientos	arba me'ot	אַרבַּע מֵאוֹת (נ)
quinientos	χameʃ me'ot	חָמֵשׁ מֵאוֹת (נ)

seiscientos	ʃeʃ me'ot	שֵׁשׁ מֵאוֹת (נ)
setecientos	ʃva me'ot	שׁבַע מֵאוֹת (נ)
ochocientos	ʃmone me'ot	שׁמוֹנֶה מֵאוֹת (נ)
novecientos	tʃa me'ot	תּשַׁע מֵאוֹת (נ)

mil	'elef	אֶלֶף (ז)
dos mil	al'payim	אַלפַּיִים (ז)
tres mil	'ʃloʃet alafim	שׁלוֹשֶׁת אֲלָפִים (ז)
diez mil	a'seret alafim	עֲשֶׂרֶת אֲלָפִים (ז)
cien mil	'me'a 'elef	מֵאָה אֶלֶף (ז)
millón (m)	milyon	מִילִיוֹן (ז)
mil millones	milyard	מִילִיַארד (ז)

9. Números ordinales

primero (adj)	riʃon	רִאשׁוֹן
segundo (adj)	ʃeni	שֵׁנִי
tercero (adj)	ʃliʃi	שׁלִישִׁי
cuarto (adj)	revi'i	רְבִיעִי
quinto (adj)	χamiʃi	חָמִישִׁי

sexto (adj)	ʃiʃi	שִׁישִׁי
séptimo (adj)	ʃvi'i	שְׁבִיעִי
octavo (adj)	ʃmini	שְׁמִינִי
noveno (adj)	tʃi'i	תְּשִׁיעִי
décimo (adj)	asiri	עֲשִׁירִי

LOS COLORES.
LAS UNIDADES DE MEDIDA

color (m)	'tseva	צֶבַע (ז)
matiz (m)	gavan	גָּוֶון (ז)
tono (m)	gavan	גָּוֶון (ז)
arco (m) iris	'keʃet	קֶשֶׁת (נ)
blanco (adj)	lavan	לָבָן
negro (adj)	ʃaχor	שָׁחֹור
gris (adj)	afor	אָפֹור
verde (adj)	yarok	יָרֹוק
amarillo (adj)	tsahov	צָהֹוב
rojo (adj)	adom	אָדֹום
azul (adj)	kaχol	כָּחֹל
azul claro (adj)	taχol	תְּכֹול
rosa (adj)	varod	וָרֹוד
naranja (adj)	katom	כָּתֹום
violeta (adj)	segol	סָגֹול
marrón (adj)	χum	חוּם
dorado (adj)	zahov	זָהֹוב
argentado (adj)	kasuf	כָּסוּף
beige (adj)	beʒ	בֶּז'
crema (adj)	be'tseva krem	בְּצֶבַע קְרֶם
turquesa (adj)	turkiz	טוּרְקִיז
rojo cereza (adj)	bordo	בֹּורְדֹו
lila (adj)	segol	סָגֹול
carmesí (adj)	patol	פָּטֹול
claro (adj)	bahir	בָּהִיר
oscuro (adj)	kehe	כֵּהֶה
vivo (adj)	bohek	בֹּוהֵק
de color (lápiz ~)	tsiv'oni	צִבְעֹונִי
en colores (película ~)	tsiv'oni	צִבְעֹונִי
blanco y negro (adj)	ʃaχor lavan	שָׁחֹור־לָבָן
unicolor (adj)	χad tsiv'i	חַד־צִבְעִי
multicolor (adj)	sasgoni	סַסְגֹּונִי

peso (m)	miʃkal	מִשְׁקָל (ז)
longitud (f)	'oreχ	אֹורֶךְ (ז)

anchura (f)	'roχav	רוֹחַב (ז)
altura (f)	'gova	גוֹבַה (ז)
profundidad (f)	'omek	עוֹמֶק (ז)
volumen (m)	'nefaχ	נֶפַח (ז)
área (f)	'ʃetaχ	שֶׁטַח (ז)

gramo (m)	gram	גְרָם (ז)
miligramo (m)	miligram	מִילִיגְרָם (ז)
kilogramo (m)	kilogram	קִילוֹגְרָם (ז)
tonelada (f)	ton	טוֹן (ז)
libra (f)	'pa'und	פָּאוּנד (ז)
onza (f)	'unkiya	אוֹנקִיָה (נ)

metro (m)	'meter	מֶטֶר (ז)
milímetro (m)	mili'meter	מִילִימֶטֶר (ז)
centímetro (m)	senti'meter	סַנטִימֶטֶר (ז)
kilómetro (m)	kilo'meter	קִילוֹמֶטֶר (ז)
milla (f)	mail	מַייל (ז)

pulgada (f)	intʃ	אִינצ' (ז)
pie (m)	'regel	רֶגֶל (נ)
yarda (f)	yard	יַרד (ז)

metro (m) cuadrado	'meter ra'vuʻa	מֶטֶר רָבוּעַ (ז)
hectárea (f)	hektar	הֶקטָר (ז)
litro (m)	litr	לִיטר (ז)
grado (m)	maʻala	מַעֲלָה (נ)
voltio (m)	volt	וֹולט (ז)
amperio (m)	amper	אַמפֶּר (ז)
caballo (m) de fuerza	'koaχ sus	כּוֹחַ סוּס (ז)

cantidad (f)	kamut	כַּמוּת (נ)
un poco de ...	ktsat ...	קצָת ...
mitad (f)	'χetsi	חַצִי (ז)
docena (f)	tresar	תרֵיסָר (ז)
pieza (f)	yeχida	יְחִידָה (נ)

dimensión (f)	'godel	גוֹדֶל (ז)
escala (f) (del mapa)	kne mida	קנֵה מִידָה (ז)

mínimo (adj)	mini'mali	מִינִימָאלִי
el más pequeño (adj)	hakatan beyoter	הַקָטָן בְּיוֹתֵר
medio (adj)	memutsa	מְמוּצָע
máximo (adj)	maksi'mali	מַקסִימָלִי
el más grande (adj)	hagadol beyoter	הַגָדוֹל בְּיוֹתֵר

12. Contenedores

tarro (m) de vidrio	tsin'tsenet	צִנצֶנֶת (נ)
lata (f)	paχit	פַחִית (נ)

| cubo (m) | dli | דְּלִי (ז) |
| barril (m) | χavit | חָבִית (נ) |

palangana (f)	gigit	גִּיגִית (נ)
tanque (m)	meiχal	מֵיכָל (ז)
petaca (f) (de alcohol)	meimiya	מֵימִיָּה (נ)
bidón (m) de gasolina	'dʒerikan	גְ'רִיקָן (ז)
cisterna (f)	meχalit	מֵיכָלִית (נ)

taza (f) (mug de cerámica)	'sefel	סֵפֶל (ז)
taza (f) (~ de café)	'sefel	סֵפֶל (ז)
platillo (m)	taχtit	תַּחְתִּית (נ)
vaso (m) (~ de agua)	kos	כּוֹס (נ)
copa (f) (~ de vino)	ga'viʿa	גָּבִיעַ (ז)
olla (f)	sir	סִיר (ז)

| botella (f) | bakbuk | בַּקְבּוּק (ז) |
| cuello (m) de botella | tsavar habakbuk | צַוְּאר הַבַּקְבּוּק (ז) |

garrafa (f)	kad	כַּד (ז)
jarro (m) (~ de agua)	kankan	קַנְקַן (ז)
recipiente (m)	kli	כְּלִי (ז)
tarro (m)	sir 'χeres	סִיר חֶרֶס (ז)
florero (m)	agartal	אֲגַרְטָל (ז)

frasco (m) (~ de perfume)	tsloχit	צְלוֹחִית (נ)
frasquito (m)	bakbukon	בַּקְבּוּקוֹן (ז)
tubo (m)	ʃfo'feret	שְׁפוֹפֶרֶת (נ)

saco (m) (~ de azúcar)	sak	שַׂק (ז)
bolsa (f) (~ plástica)	sakit	שַׂקִּית (נ)
paquete (m) (~ de cigarrillos)	χafisa	חֲפִיסָה (נ)

caja (f)	kufsa	קוּפְסָה (נ)
cajón (m) (~ de madera)	argaz	אַרְגָּז (ז)
cesta (f)	sal	סַל (ז)

LOS VERBOS MÁS IMPORTANTES

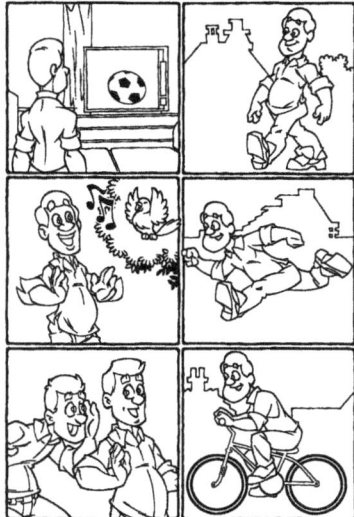

T&P Books Publishing

abrir (vt)	lif'toax	לִפְתּוֹחַ
acabar, terminar (vt)	lesayem	לְסַיֵּם
aconsejar (vt)	leya'ets	לְיַעֵץ
adivinar (vt)	lenaxeʃ	לְנַחֵשׁ
advertir (vt)	lehazhir	לְהַזְהִיר
alabarse, jactarse (vr)	lehitravrev	לְהִתְרַבְרֵב
almorzar (vi)	le'exol aruxat tsaha'rayim	לֶאֱכֹל אֲרוּחַת צָהֳרַיִם
alquilar (~ una casa)	liskor	לִשְׂכֹּר
amenazar (vt)	le'ayem	לְאַיֵּם
arrepentirse (vr)	lehitsta'er	לְהִצְטַעֵר
ayudar (vt)	la'azor	לַעֲזֹר
bañarse (vr)	lehitraxets	לְהִתְרַחֵץ
bromear (vi)	lehitba'deax	לְהִתְבַּדֵּחַ
buscar (vt)	lexapes	לְחַפֵּשׂ
caer (vi)	lipol	לִיפֹּל
callarse (vr)	liʃtok	לִשְׁתֹּק
cambiar (vt)	leʃanot	לְשַׁנּוֹת
castigar, punir (vt)	leha'aniʃ	לְהַעֲנִישׁ
cavar (vt)	laxpor	לַחְפֹּר
cazar (vi, vt)	latsud	לָצוּד
cenar (vi)	le'exol aruxat 'erev	לֶאֱכֹל אֲרוּחַת עֶרֶב
cesar (vt)	lehafsik	לְהַפְסִיק
coger (vt)	litfos	לִתְפֹּס
comenzar (vt)	lehatxil	לְהַתְחִיל
comparar (vt)	lehaʃvot	לְהַשְׁווֹת
comprender (vt)	lehavin	לְהָבִין
confiar (vt)	liv'toax	לִבְטוֹחַ
confundir (vt)	lehitbalbel	לְהִתְבַּלְבֵּל
conocer (~ a alguien)	lehakir et	לְהַכִּיר אֶת
contar (vt) (enumerar)	lispor	לִסְפֹּר
contar con ...	lismox al	לִסְמוֹךְ עַל
continuar (vt)	lehamʃix	לְהַמְשִׁיךְ
controlar (vt)	liʃlot	לִשְׁלוֹט
correr (vi)	laruts	לָרוּץ
costar (vt)	la'alot	לַעֲלוֹת
crear (vt)	litsor	לִיצוֹר

14. Los verbos más importantes. Unidad 2

dar (vt)	latet	לָתֵת
dar una pista	lirmoz	לִרְמֹז
decir (vt)	lomar	לוֹמַר
decorar (para la fiesta)	lekaʃet	לְקַשֵּׁט
defender (vt)	lehagen	לְהָגֵן
dejar caer	lehapil	לְהַפִּיל
desayunar (vi)	le'eχol aruχat 'boker	לֶאֱכֹל אֲרוּחַת בּוֹקֶר
descender (vi)	la'redet	לָרֶדֶת
dirigir (administrar)	lenahel	לְנַהֵל
disculpar (vt)	lis'loaχ	לִסְלֹוחַ
disculparse (vr)	lehitnatsel	לְהִתְנַצֵּל
discutir (vt)	ladun	לָדוּן
dudar (vt)	lefakpek	לְפַקְפֵּק
encontrar (hallar)	limtso	לִמְצֹא
engañar (vi, vt)	leramot	לְרַמּוֹת
entrar (vi)	lehikanes	לְהִיכָּנֵס
enviar (vt)	liʃ'loaχ	לִשְׁלֹוחַ
equivocarse (vr)	lit'ot	לִטְעוֹת
escoger (vt)	livχor	לִבְחוֹר
esconder (vt)	lehastir	לְהַסְתִּיר
escribir (vt)	liχtov	לִכְתּוֹב
esperar (aguardar)	lehamtin	לְהַמְתִּין
esperar (tener esperanza)	lekavot	לְקַוּוֹת
estar (vi)	lihyot	לִהְיוֹת
estar de acuerdo	lehaskim	לְהַסְכִּים
estudiar (vt)	lilmod	לִלְמֹד
exigir (vt)	lidroʃ	לִדְרֹוש
existir (vi)	lehitkayem	לְהִתְקַיֵּים
explicar (vt)	lehasbir	לְהַסְבִּיר
faltar (a las clases)	lehaχsir	לְהַחְסִיר
firmar (~ el contrato)	laχtom	לַחְתּוֹם
girar (~ a la izquierda)	lifnot	לִפְנוֹת
gritar (vi)	lits'ok	לִצְעוֹק
guardar (conservar)	liʃmor	לִשְׁמוֹר
gustar (vi)	limtso χen be'ei'nayim	לִמְצוֹא חֵן בְּעֵינַיִם
hablar (vi, vt)	ledaber	לְדַבֵּר
hacer (vt)	la'asot	לַעֲשׂוֹת
informar (vt)	leho'dia	לְהוֹדִיעַ
insistir (vi)	lehit'akeʃ	לְהִתְעַקֵּש
insultar (vt)	leha'aliv	לְהַעֲלִיב
interesarse (vr)	lehit'anyen be…	לְהִתְעַנְיֵין בְּ…

invitar (vt)	lehazmin	לְהַזְמִין
ir (a pie)	la'leχet	לָלֶכֶת
jugar (divertirse)	lesaχek	לְשַׂחֵק

15. Los verbos más importantes. Unidad 3

leer (vi, vt)	likro	לִקְרֹא
liberar (ciudad, etc.)	leʃaχrer	לְשַׁחְרֵר
llamar (por ayuda)	likro	לִקְרֹא
llegar (vi)	leha'giʻa	לְהַגִּיעַ
llorar (vi)	livkot	לִבְכּוֹת

matar (vt)	laharog	לַהֲרֹג
mencionar (vt)	lehazkir	לְהַזְכִּיר
mostrar (vt)	lehar'ot	לְהַרְאוֹת
nadar (vi)	lisχot	לִשְׂחוֹת

negarse (vr)	lesarev	לְסָרֵב
objetar (vt)	lehitnaged	לְהִתְנַגֵּד
observar (vt)	litspot, lehaʃkif	לִצְפּוֹת, לְהַשְׁקִיף
oír (vt)	liʃ'moʻa	לִשְׁמוֹעַ

olvidar (vt)	liʃ'koaχ	לִשְׁכּוֹחַ
orar (vi)	lehitpalel	לְהִתְפַּלֵּל
ordenar (mil.)	lifkod	לִפְקוֹד
pagar (vi, vt)	leʃalem	לְשַׁלֵּם
pararse (vr)	la'atsor	לַעֲצוֹר

participar (vi)	lehiʃtatef	לְהִשְׁתַּתֵּף
pedir (ayuda, etc.)	levakeʃ	לְבַקֵּשׁ
pedir (en restaurante)	lehazmin	לְהַזְמִין
pensar (vi, vt)	laχʃov	לַחְשׁוֹב

percibir (ver)	lasim lev	לָשִׂים לֵב
perdonar (vt)	lis'loaχ	לִסְלוֹחַ
permitir (vt)	leharʃot	לְהַרְשׁוֹת
pertenecer a …	lehiʃtayeχ	לְהִשְׁתַּיֵּךְ

planear (vt)	letaχnen	לְתַכְנֵן
poder (v aux)	yaχol	יָכוֹל
poseer (vt)	lihyot 'baʻal ʃel	לִהְיוֹת בַּעַל שֶׁל
preferir (vt)	lehaʻadif	לְהַעֲדִיף
preguntar (vt)	liʃ'ol	לִשְׁאוֹל

preparar (la cena)	levaʃel	לְבַשֵּׁל
prever (vt)	laχazot	לַחֲזוֹת
probar, tentar (vt)	lenasot	לְנַסּוֹת
prometer (vt)	lehav'tiaχ	לְהַבְטִיחַ
pronunciar (vt)	levate	לְבַטֵּא
proponer (vt)	leha'tsiʻa	לְהַצִּיעַ

quebrar (vt)	liʃbor	לִשְׁבּוֹר
quejarse (vr)	lehitlonen	לְהִתְלוֹנֵן
querer (amar)	le'ehov	לֶאֱהוֹב
querer (desear)	lirtsot	לִרְצוֹת

16. Los verbos más importantes. Unidad 4

recomendar (vt)	lehamlits	לְהַמְלִיץ
regañar, reprender (vt)	linzof	לִנְזוֹף
reírse (vr)	litsχok	לִצְחוֹק
repetir (vt)	laχazor al	לַחֲזוֹר עַל
reservar (~ una mesa)	lehazmin meroʃ	לְהַזְמִין מֵרֹאשׁ
responder (vi, vt)	la'anot	לַעֲנוֹת

robar (vt)	lignov	לִגְנוֹב
saber (~ algo mas)	la'da'at	לָדַעַת
salir (vi)	latset	לָצֵאת
salvar (vt)	lehatsil	לְהַצִּיל
seguir ...	la'akov aχarei	לַעֲקוֹב אַחֲרֵי
sentarse (vr)	lehityaʃev	לְהִתְיַישֵׁב

ser (vi)	lihyot	לִהְיוֹת
ser necesario	lehidareʃ	לְהִידָרֵשׁ
significar (vt)	lomar	לוֹמַר
sonreír (vi)	leχayeχ	לְחַיֵּיךְ
sorprenderse (vr)	lehitpale	לְהִתְפַּלֵּא

subestimar (vt)	leham'it be"ereχ	לְהַמְעִיט בְּעֵרֶךְ
tener (vt)	lehaχzik	לְהַחֲזִיק
tener hambre	lihyot ra'ev	לִהְיוֹת רָעֵב
tener miedo	lefaχed	לְפַחֵד

tener prisa	lemaher	לְמַהֵר
tener sed	lihyot tsame	לִהְיוֹת צָמֵא
tirar, disparar (vi)	lirot	לִירוֹת
tocar (con las manos)	la'ga'at	לָגַעַת
tomar (vt)	la'kaχat	לָקַחַת
tomar nota	lirʃom	לִרְשׁוֹם

trabajar (vi)	la'avod	לַעֲבוֹד
traducir (vt)	letargem	לְתַרְגֵּם
unir (vt)	le'aχed	לְאַחֵד
vender (vt)	limkor	לִמְכּוֹר
ver (vt)	lir'ot	לִרְאוֹת
volar (pájaro, avión)	la'uf	לָעוּף

T&P BOOKS

LA HORA. EL CALENDARIO

T&P Books Publishing

17. Los días de la semana

lunes (m)	yom ʃeni	יוֹם שֵׁנִי (ז)
martes (m)	yom ʃliʃi	יוֹם שְׁלִישִׁי (ז)
miércoles (m)	yom revi'i	יוֹם רְבִיעִי (ז)
jueves (m)	yom χamiʃi	יוֹם חֲמִישִׁי (ז)
viernes (m)	yom ʃiʃi	יוֹם שִׁישִׁי (ז)
sábado (m)	ʃabat	שַׁבָּת (נ)
domingo (m)	yom riʃon	יוֹם רָאשׁוֹן (ז)
hoy (adv)	hayom	הַיּוֹם
mañana (adv)	maχar	מָחָר
pasado mañana	maχara'tayim	מָחָרָתַיִים
ayer (adv)	etmol	אֶתְמוֹל
anteayer (adv)	ʃilʃom	שִׁלְשׁוֹם
día (m)	yom	יוֹם (ז)
día (m) de trabajo	yom avoda	יוֹם עֲבוֹדָה (ז)
día (m) de fiesta	yom χag	יוֹם חַג (ז)
día (m) de descanso	yom menuχa	יוֹם מְנוּחָה (ז)
fin (m) de semana	sof ʃa'vuʿa	סוֹף שָׁבוּעַ
todo el día	kol hayom	כָּל הַיּוֹם
al día siguiente	lamaχarat	לַמָּחֳרָת
dos días atrás	lifnei yo'mayim	לִפְנֵי יוֹמַיִים
en vísperas (adv)	'erev	עֶרֶב
diario (adj)	yomyomi	יוֹמְיוֹמִי
cada día (adv)	midei yom	מִדֵּי יוֹם
semana (f)	ʃa'vua	שָׁבוּעַ (ז)
semana (f) pasada	baʃa'vuʿa ʃe'avar	בַּשָׁבוּעַ שֶׁעָבַר
semana (f) que viene	baʃa'vuʿa haba	בַּשָׁבוּעַ הַבָּא
semanal (adj)	ʃvu'i	שְׁבוּעִי
cada semana (adv)	kol ʃa'vuʿa	כָּל שָׁבוּעַ
2 veces por semana	pa'a'mayim beʃa'vuʿa	פַּעֲמַיִים בְּשָׁבוּעַ
todos los martes	kol yom ʃliʃi	כָּל יוֹם שְׁלִישִׁי

18. Las horas. El día y la noche

mañana (f)	'boker	בּוֹקֶר (ז)
por la mañana	ba'boker	בַּבּוֹקֶר
mediodía (m)	tsaha'rayim	צָהֳרַיִים (ז"ר)
por la tarde	aχar hatsaha'rayim	אַחַר הַצָּהֳרַיִים
noche (f)	'erev	עֶרֶב (ז)

por la noche	ba''erev	בָּעֶרֶב
noche (f) (p.ej. 2:00 a.m.)	'laila	לַיְלָה (ז)
por la noche	ba'laila	בַּלַּיְלָה
medianoche (f)	xatsot	חֲצוֹת (נ)
segundo (m)	ʃniya	שְׁנִיָּה (נ)
minuto (m)	daka	דַּקָּה (נ)
hora (f)	ʃaʿa	שָׁעָה (נ)
media hora (f)	xatsi ʃaʿa	חֲצִי שָׁעָה (נ)
cuarto (m) de hora	'reva ʃaʿa	רֶבַע שָׁעָה (ז)
quince minutos	xameʃ esre dakot	חֲמֵשׁ עֶשְׂרֵה דַּקּוֹת
veinticuatro horas	yemama	יְמָמָה (נ)
salida (f) del sol	zrixa	זְרִיחָה (נ)
amanecer (m)	'ʃaxar	שַׁחַר (ז)
madrugada (f)	'ʃaxar	שַׁחַר (ז)
puesta (f) del sol	ʃkiʿa	שְׁקִיעָה (נ)
de madrugada	mukdam ba'boker	מוּקְדָּם בַּבֹּקֶר
esta mañana	ha'boker	הַבֹּקֶר
mañana por la mañana	maxar ba'boker	מָחָר בַּבֹּקֶר
esta tarde	hayom axarei hatzaha'rayim	הַיּוֹם אַחֲרֵי הַצָּהֳרַיִם
por la tarde	axar hatsaha'rayim	אַחַר הַצָּהֳרַיִם
mañana por la tarde	maxar axarei hatsaha'rayim	מָחָר אַחֲרֵי הַצָּהֳרַיִם
esta noche (p.ej. 8:00 p.m.)	ha''erev	הָעֶרֶב
mañana por la noche	maxar ba''erev	מָחָר בָּעֶרֶב
a las tres en punto	baʃaʿa ʃaloʃ bediyuk	בְּשָׁעָה שָׁלוֹשׁ בְּדִיּוּק
a eso de las cuatro	bisvivot arba	בִּסְבִיבוֹת אַרְבַּע
para las doce	ad ʃteim esre	עַד שְׁתֵּים-עֶשְׂרֵה
dentro de veinte minutos	beʿod esrim dakot	בְּעוֹד עֶשְׂרִים דַּקּוֹת
dentro de una hora	beʿod ʃaʿa	בְּעוֹד שָׁעָה
a tiempo (adv)	bazman	בַּזְּמַן
… menos cuarto	'reva le…	רֶבַע לְ...
durante una hora	tox ʃaʿa	תּוֹךְ שָׁעָה
cada quince minutos	kol 'reva ʃaʿa	כָּל רֶבַע שָׁעָה
día y noche	misaviv laʃaʿon	מִסָּבִיב לַשָּׁעוֹן

19. Los meses. Las estaciones

enero (m)	'yanu'ar	יָנוּאָר (ז)
febrero (m)	'febru'ar	פֶבְּרוּאָר (ז)
marzo (m)	merts	מֶרְץ (ז)

abril (m)	april	אַפּרִיל (ז)
mayo (m)	mai	מַאי (ז)
junio (m)	'yuni	יוּנִי (ז)
julio (m)	'yuli	יוּלִי (ז)
agosto (m)	'ogust	אוֹגוּסט (ז)
septiembre (m)	sep'tember	סֶפּטֶמבֶּר (ז)
octubre (m)	ok'tober	אוֹקטוֹבֶּר (ז)
noviembre (m)	no'vember	נוֹבֶמבֶּר (ז)
diciembre (m)	de'tsember	דֶצֶמבֶּר (ז)
primavera (f)	aviv	אָבִיב (ז)
en primavera	ba'aviv	בָּאָבִיב
de primavera (adj)	avivi	אָבִיבִי
verano (m)	'kayits	קַיִץ (ז)
en verano	ba'kayits	בַּקַיִץ
de verano (adj)	ketsi	קֵיצִי
otoño (m)	stav	סתָיו (ז)
en otoño	bestav	בְּסתָיו
de otoño (adj)	stavi	סתָווִי
invierno (m)	'xoref	חוֹרֶף (ז)
en invierno	ba'xoref	בַּחוֹרֶף
de invierno (adj)	xorpi	חוֹרפִּי
mes (m)	'xodeʃ	חוֹדֶשׁ (ז)
este mes	ha'xodeʃ	הַחוֹדֶשׁ
al mes siguiente	ba'xodeʃ haba	בַּחוֹדֶשׁ הַבָּא
el mes pasado	ba'xodeʃ ʃe'avar	בַּחוֹדֶשׁ שֶׁעָבַר
hace un mes	lifnei 'xodeʃ	לִפנֵי חוֹדֶשׁ
dentro de un mes	be'od 'xodeʃ	בְּעוֹד חוֹדֶשׁ
dentro de dos meses	be'od xod'ʃayim	בְּעוֹד חוֹדשַׁיִים
todo el mes	kol ha'xodeʃ	כָּל הַחוֹדֶשׁ
todo un mes	kol ha'xodeʃ	כָּל הַחוֹדֶשׁ
mensual (adj)	xodʃi	חוֹדשִׁי
mensualmente (adv)	xodʃit	חוֹדשִׁית
cada mes	kol 'xodeʃ	כָּל חוֹדֶשׁ
dos veces por mes	pa'a'mayim be'xodeʃ	פַּעֲמַיִים בְּחוֹדֶשׁ
año (m)	ʃana	שָׁנָה (נ)
este año	haʃana	הַשָׁנָה
el próximo año	baʃana haba'a	בַּשָׁנָה הַבָּאָה
el año pasado	baʃana ʃe'avra	בַּשָׁנָה שֶׁעָברָה
hace un año	lifnei ʃana	לִפנֵי שָׁנָה
dentro de un año	be'od ʃana	בְּעוֹד שָׁנָה
dentro de dos años	be'od ʃna'tayim	בְּעוֹד שנָתַיִים
todo el año	kol haʃana	כָּל הַשָׁנָה

todo un año	kol haʃana	כָּל הַשָּׁנָה
cada año	kol ʃana	כָּל שָׁנָה
anual (adj)	ʃnati	שְׁנָתִי
anualmente (adv)	midei ʃana	מְדֵי שָׁנָה
cuatro veces por año	arba pa'amim be'χodeʃ	אַרְבַּע פְּעָמִים בְּחוֹדֶש

fecha (f) (la ~ de hoy es …)	ta'ariχ	תַּאֲרִיךְ (ז)
fecha (f) (~ de entrega)	ta'ariχ	תַּאֲרִיךְ (ז)
calendario (m)	'luaχ ʃana	לוּחַ שָׁנָה (ז)

medio año (m)	χatsi ʃana	חָצִי שָׁנָה (ז)
seis meses	ʃiʃa χodaʃim, χatsi ʃana	חֲצִי שָׁנָה, שִׁישָׁה חוֹדָשִׁים
estación (f)	ona	עוֹנָה (נ)
siglo (m)	'me'a	מֵאָה (נ)

T&P BOOKS

EL VIAJE. EL HOTEL

T&P Books Publishing

20. Las vacaciones. El viaje

turismo (m)	tayarut	תַּיָּירוּת (נ)
turista (m)	tayar	תַּיָּיר (ז)
viaje (m)	tiyul	טִיּוּל (ז)
aventura (f)	harpatka	הַרְפַּתְקָה (נ)
viaje (m) (p.ej. ~ en coche)	nesiʿa	נְסִיעָה (נ)
vacaciones (f pl)	χuffa	חוּפְשָׁה (נ)
estar de vacaciones	lihyot beχuffa	לִהְיוֹת בְּחוּפְשָׁה
descanso (m)	menuχa	מְנוּחָה (נ)
tren (m)	ra'kevet	רַכֶּבֶת (נ)
en tren	bera'kevet	בְּרַכֶּבֶת
avión (m)	matos	מָטוֹס (ז)
en avión	bematos	בְּמָטוֹס
en coche	bemeχonit	בִּמְכוֹנִית
en barco	be'oniya	בָּאוֹנִיָּיה
equipaje (m)	mit'an	מִטְעָן (ז)
maleta (f)	mizvada	מִזְוָדָה (נ)
carrito (m) de equipaje	eglat mit'an	עֶגְלַת מִטְעָן (נ)
pasaporte (m)	darkon	דַּרְכּוֹן (ז)
visado (m)	'viza, aſra	וִיזָה, אַשְׁרָה (נ)
billete (m)	kartis	כַּרְטִיס (ז)
billete (m) de avión	kartis tisa	כַּרְטִיס טִיסָה (ז)
guía (f) (libro)	madriχ	מַדְרִיךְ (ז)
mapa (m)	mapa	מַפָּה (נ)
área (f) (~ rural)	ezor	אֵזוֹר (ז)
lugar (m)	makom	מָקוֹם (ז)
exotismo (m)	ek'zotika	אֶקְזוֹטִיקָה (נ)
exótico (adj)	ek'zoti	אֶקְזוֹטִי
asombroso (adj)	nifla	נִפְלָא
grupo (m)	kvutsa	קְבוּצָה (נ)
excursión (f)	tiyul	טִיּוּל (ז)
guía (m) (persona)	madriχ tiyulim	מַדְרִיךְ טִיּוּלִים (ז)

21. El hotel

| hotel (m) | malon | מָלוֹן (ז) |
| motel (m) | motel | מוֹטֶל (ז) |

de tres estrellas	ʃloʃa koχavim	שְׁלוֹשָׁה כּוֹכָבִים
de cinco estrellas	χamiʃa koχavim	חֲמִישָׁה כּוֹכָבִים
hospedarse (vr)	lehit'aχsen	לְהִתְאַכְסֵן
habitación (f)	'χeder	חֶדֶר (ז)
habitación (f) individual	'χeder yaχid	חֶדֶר יָחִיד (ז)
habitación (f) doble	'χeder zugi	חֶדֶר זוּגִי (ז)
reservar una habitación	lehazmin 'χeder	לְהַזְמִין חֶדֶר
media pensión (f)	χatsi pensiyon	חֲצִי פֶּנְסִיוֹן (ז)
pensión (f) completa	pensyon male	פֶּנְסִיוֹן מָלֵא (ז)
con baño	im am'batya	עִם אַמְבַּטְיָה
con ducha	im mik'laχat	עִם מִקְלַחַת
televisión (f) satélite	tele'vizya bekvalim	טֶלֶווִיזְיָה בְּכְבָלִים (נ)
climatizador (m)	mazgan	מַזְגָּן (ז)
toalla (f)	ma'gevet	מַגֶּבֶת (נ)
llave (f)	maf'teaχ	מַפְתֵּחַ (ז)
administrador (m)	amarkal	אֲמַרְכָּל (ז)
camarera (f)	χadranit	חַדְרָנִית (נ)
maletero (m)	sabal	סַבָּל (ז)
portero (m)	pakid kabala	פְּקִיד קַבָּלָה (ז)
restaurante (m)	mis'ada	מִסְעָדָה (נ)
bar (m)	bar	בָּר (ז)
desayuno (m)	aruχat 'boker	אֲרוּחַת בּוֹקֶר (נ)
cena (f)	aruχat 'erev	אֲרוּחַת עֶרֶב (נ)
buffet (m) libre	miznon	מִזְנוֹן (ז)
vestíbulo (m)	'lobi	לוֹבִּי (ז)
ascensor (m)	ma'alit	מַעֲלִית (נ)
NO MOLESTAR	lo lehaf'ri'a	לא לְהַפְרִיעַ
PROHIBIDO FUMAR	asur le'aʃen!	אָסוּר לְעַשֵׁן!

22. El turismo. La excursión

monumento (m)	an'darta	אַנְדַּרְטָה (נ)
fortaleza (f)	mivtsar	מִבְצָר (ז)
palacio (m)	armon	אַרְמוֹן (ז)
castillo (m)	tira	טִירָה (נ)
torre (f)	migdal	מִגְדָּל (ז)
mausoleo (m)	ma'uzo'le'um	מָאוּזוֹלֵיאוּם (ז)
arquitectura (f)	adriχalut	אַדְרִיכָלוּת (נ)
medieval (adj)	benaimi	בֵּנָיִימִי
antiguo (adj)	atik	עַתִּיק
nacional (adj)	le'umi	לְאוּמִי
conocido (adj)	mefursam	מְפוּרְסָם

turista (m)	tayar	תַּיָּר (ז)
guía (m) (persona)	madriχ tiyulim	מַדְרִיךְ טִיּוּלִים (ז)
excursión (f)	tiyul	טִיּוּל (ז)
mostrar (vt)	lehar'ot	לְהַרְאוֹת
contar (una historia)	lesaper	לְסַפֵּר

encontrar (hallar)	limtso	לִמְצוֹא
perderse (vr)	la'leχet le'ibud	לָלֶכֶת לְאִיבּוּד
plano (m) (~ de metro)	mapa	מַפָּה (נ)
mapa (m) (~ de la ciudad)	tarʃim	תַּרְשִׁים (ז)

recuerdo (m)	maz'keret	מַזְכֶּרֶת (נ)
tienda (f) de regalos	χanut matanot	חֲנוּת מַתָּנוֹת (נ)
hacer fotos	letsalem	לְצַלֵּם
fotografiarse (vr)	lehitstalem	לְהִצְטַלֵּם

T&P BOOKS

EL TRANSPORTE

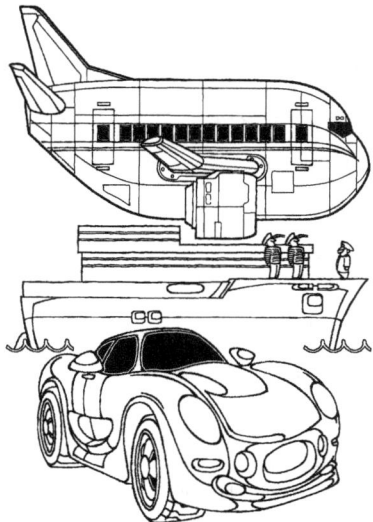

T&P Books Publishing

23. El aeropuerto

aeropuerto (m)	nemal te'ufa	נְמַל תְּעוּפָה (ז)
avión (m)	matos	מָטוֹס (ז)
compañía (f) aérea	xevrat te'ufa	חֶבְרַת תְּעוּפָה (נ)
controlador (m) aéreo	bakar tisa	בַּקָּר טִיסָה (ז)

despegue (m)	hamra'a	הַמְרָאָה (נ)
llegada (f)	nexita	נְחִיתָה (נ)
llegar (en avión)	leha'gi'a betisa	לְהַגִּיעַ בְּטִיסָה

hora (f) de salida	zman hamra'a	זְמַן הַמְרָאָה (ז)
hora (f) de llegada	zman nexita	זְמַן נְחִיתָה (ז)

retrasarse (vr)	lehit'akev	לְהִתְעַכֵּב
retraso (m) de vuelo	ikuv hatisa	עִיכּוּב הַטִּיסָה (ז)

pantalla (f) de información	'luax meida	לוּחַ מֵידָע (ז)
información (f)	meida	מֵידָע (ז)
anunciar (vt)	leho'dia	לְהוֹדִיעַ
vuelo (m)	tisa	טִיסָה (נ)

aduana (f)	'mexes	מֶכֶס (ז)
aduanero (m)	pakid 'mexes	פְּקִיד מֶכֶס (ז)

declaración (f) de aduana	hatsharat mexes	הַצְהָרַת מֶכֶס (נ)
rellenar (vt)	lemale	לְמַלֵּא
rellenar la declaración	lemale 'tofes hatshara	לְמַלֵּא טוֹפֶס הַצְהָרָה
control (m) de pasaportes	bdikat darkonim	בְּדִיקַת דַּרְכּוֹנִים (נ)

equipaje (m)	kvuda	כְּבוּדָה (נ)
equipaje (m) de mano	kvudat yad	כְּבוּדַת יָד (נ)
carrito (m) de equipaje	eglat kvuda	עֶגְלַת כְּבוּדָה (נ)

aterrizaje (m)	nexita	נְחִיתָה (נ)
pista (f) de aterrizaje	maslul nexita	מַסְלוּל נְחִיתָה (ז)
aterrizar (vi)	linxot	לִנְחוֹת
escaleras (f pl) (de avión)	'kevef	כֶּבֶשׁ (ז)

facturación (f) (check-in)	tfek in	צֶ׳ק אִין (ז)
mostrador (m) de facturación	dalpak tfek in	דַּלְפַּק צֶ׳ק אִין (ז)
hacer el check-in	leva'tse'a tfek in	לְבַצֵּעַ צֶ׳ק אִין
tarjeta (f) de embarque	kartis aliya lematos	כַּרְטִיס עֲלִיָּה לְמָטוֹס (ז)
puerta (f) de embarque	'fa'ar yetsi'a	שַׁעַר יְצִיאָה (ז)
tránsito (m)	ma'avar	מַעֲבָר (ז)

esperar (aguardar)	lehamtin	לְהַמְתִּין
zona (f) de preembarque	traklin tisa	טְרַקְלִין טִיסָה (ז)
despedir (vt)	lelavot	לְלַוּוֹת
despedirse (vr)	lomar lehitra'ot	לוֹמַר לְהִתְרָאוֹת

24. El avión

avión (m)	matos	מָטוֹס (ז)
billete (m) de avión	kartis tisa	כַּרְטִיס טִיסָה (ז)
compañía (f) aérea	xevrat te'ufa	חֶבְרַת תְּעוּפָה (נ)
aeropuerto (m)	nemal te'ufa	נְמַל תְּעוּפָה (ז)
supersónico (adj)	al koli	עַל קוֹלִי

comandante (m)	kabarnit	קַבַּרְנִיט (ז)
tripulación (f)	'tsevet	צֶוֶת (ז)
piloto (m)	tayas	טַיָּיס (ז)
azafata (f)	da'yelet	דַּיֶּילֶת (נ)
navegador (m)	navat	נַוָּט (ז)

alas (f pl)	kna'fayim	כְּנָפַיִים (נ"ר)
cola (f)	zanav	זָנָב (ז)
cabina (f)	'kokpit	קוֹקְפִּיט (ז)
motor (m)	ma'no'a	מָנוֹעַ (ז)
tren (m) de aterrizaje	kan nesi'a	כַּן נְסִיעָה (ז)
turbina (f)	tur'bina	טוּרְבִּינָה (נ)

hélice (f)	madxef	מַדְחֵף (ז)
caja (f) negra	kufsa ʃxora	קוּפְסָה שְׁחוֹרָה (נ)
timón (m)	'hege	הֶגֶה (ז)
combustible (m)	'delek	דֶּלֶק (ז)
instructivo (m) de seguridad	hora'ot betixut	הוֹרָאוֹת בְּטִיחוּת (נ"ר)
respirador (m) de oxígeno	masexat xamtsan	מַסֵּכַת חַמְצָן (נ)
uniforme (m)	madim	מַדִּים (ז"ר)
chaleco (m) salvavidas	xagorat hatsala	חֲגוֹרַת הַצָּלָה (נ)
paracaídas (m)	mitsnax	מִצְנָח (ז)

despegue (m)	hamra'a	הַמְרָאָה (נ)
despegar (vi)	lehamri	לְהַמְרִיא
pista (f) de despegue	maslul hamra'a	מַסְלוּל הַמְרָאָה (ז)

visibilidad (f)	re'ut	רְאוּת (נ)
vuelo (m)	tisa	טִיסָה (נ)
altura (f)	'gova	גּוֹבַהּ (ז)
pozo (m) de aire	kis avir	כִּיס אֲוִויר (ז)

asiento (m)	moʃav	מוֹשָׁב (ז)
auriculares (m pl)	ozniyot	אוֹזְנִיּוֹת (נ"ר)
mesita (f) plegable	magaʃ mitkapel	מַגָּשׁ מִתְקַפֵּל (ז)
ventana (f)	tsohar	צוֹהַר (ז)
pasillo (m)	ma'avar	מַעֲבָר (ז)

25. El tren

tren (m)	ra'kevet	רַכֶּבֶת (נ)
tren (m) de cercanías	ra'kevet parvarim	רַכֶּבֶת פַּרְבָרִים (נ)
tren (m) rápido	ra'kevet mehira	רַכֶּבֶת מְהִירָה (נ)
locomotora (f) diésel	katar 'dizel	קַטָּר דִיזֶל (ז)
tren (m) de vapor	katar	קַטָּר (ז)
coche (m)	karon	קָרוֹן (ז)
coche (m) restaurante	kron misʼada	קָרוֹן מִסְעָדָה (ז)
rieles (m pl)	mesilot	מְסִילוֹת (נ"ר)
ferrocarril (m)	mesilat barzel	מְסִילַת בַּרְזֶל (נ)
traviesa (f)	ʼeden	אֶדֶן (ז)
plataforma (f)	ratsif	רָצִיף (ז)
vía (f)	mesila	מְסִילָה (נ)
semáforo (m)	ramzor	רַמְזוֹר (ז)
estación (f)	taxana	תַּחֲנָה (נ)
maquinista (m)	nahag ra'kevet	נֶהָג רַכֶּבֶת (ז)
maletero (m)	sabal	סַבָּל (ז)
mozo (m) del vagón	sadran ra'kevet	סַדְרָן רַכֶּבֶת (ז)
pasajero (m)	no'seʼa	נוֹסֵעַ (ז)
revisor (m)	bodek	בּוֹדֵק (ז)
corredor (m)	prozdor	פְּרוֹזְדוֹר (ז)
freno (m) de urgencia	ma'atsar xirum	מַעֲצָר חִירוּם (ז)
compartimiento (m)	ta	תָּא (ז)
litera (f)	dargaʃ	דַרְגָשׁ (ז)
litera (f) de arriba	dargaʃ elyon	דַרְגָשׁ עֶלְיוֹן (ז)
litera (f) de abajo	dargaʃ taxton	דַרְגָשׁ תַּחְתּוֹן (ז)
ropa (f) de cama	matsaʼim	מַצָעִים (ז"ר)
billete (m)	kartis	כַּרְטִיס (ז)
horario (m)	'luax zmanim	לוּחַ זְמַנִים (ז)
pantalla (f) de información	ʃelet meida	שֶׁלֶט מֵידָע (ז)
partir (vi)	latset	לָצֵאת
partida (f) (del tren)	yetsiʼa	יְצִיאָה (נ)
llegar (tren)	leha'giʼa	לְהַגִיעַ
llegada (f)	haga'a	הַגָעָה (נ)
llegar en tren	leha'giʼa bera'kevet	לְהַגִיעַ בְּרַכֶּבֶת
tomar el tren	la'alot lera'kevet	לַעֲלוֹת לְרַכֶּבֶת
bajar del tren	la'redet mehara'kevet	לָרֶדֶת מֵהָרַכֶּבֶת
descarrilamiento (m)	hitraskut	הִתְרַסְקוּת (נ)
descarrilarse (vr)	la'redet mipasei ra'kevet	לָרֶדֶת מִפַּסֵי רַכֶּבֶת
tren (m) de vapor	katar	קַטָּר (ז)

fogonero (m)	masik	מַסִיק (ז)
hogar (m)	kivʃan	כִּבְשָׁן (ז)
carbón (m)	peχam	פֶּחָם (ז)

26. El barco

barco, buque (m)	sfina	סְפִינָה (נ)
navío (m)	sfina	סְפִינָה (נ)
buque (m) de vapor	oniyat kitor	אוֹנִיַּת קִיטוֹר (נ)
motonave (f)	sfinat nahar	סְפִינַת נָהָר (נ)
trasatlántico (m)	oniyat ta'anugot	אוֹנִיַּת תַּעֲנוּגוֹת (נ)
crucero (m)	sa'yeret	סַיֶּרֶת (נ)
yate (m)	'yaχta	יַכְטָה (נ)
remolcador (m)	go'reret	גּוֹרֶרֶת (נ)
barcaza (f)	arba	אַרְבָּה (נ)
ferry (m)	ma'a'boret	מַעֲבּוֹרֶת (נ)
velero (m)	sfinat mifras	סְפִינַת מִפְרָשׂ (נ)
bergantín (m)	briganit	בְּרִיגָנִית (נ)
rompehielos (m)	ʃo'veret 'keraχ	שׁוֹבֶרֶת קֶרַח (נ)
submarino (m)	ʦo'lelet	צוֹלֶלֶת (נ)
bote (m) de remo	sira	סִירָה (נ)
bote (m)	sira	סִירָה (נ)
bote (m) salvavidas	sirat haʦala	סִירַת הַצָּלָה (נ)
lancha (f) motora	sirat ma'no'a	סִירַת מָנוֹעַ (נ)
capitán (m)	rav χovel	רַב־חוֹבֵל (ז)
marinero (m)	malaχ	מַלָּח (ז)
marino (m)	yamai	יַמַּאי (ז)
tripulación (f)	'ʦevet	צֶוֶת (ז)
contramaestre (m)	rav malaχim	רַב־מַלָּחִים (ז)
grumete (m)	'na'ar sipun	נַעַר סִיפּוּן (ז)
cocinero (m) de abordo	tabaχ	טַבָּח (ז)
médico (m) del buque	rofe ha'oniya	רוֹפֵא הָאוֹנִיָּה (ז)
cubierta (f)	sipun	סִיפּוּן (ז)
mástil (m)	'toren	תּוֹרֶן (ז)
vela (f)	mifras	מִפְרָשׂ (ז)
bodega (f)	'beten oniya	בֶּטֶן אוֹנִיָּה (נ)
proa (f)	χartom	חַרְטוֹם (ז)
popa (f)	yarketei hasfina	יַרְכְּתֵי הַסְּפִינָה (ז״ר)
remo (m)	maʃot	מָשׁוֹט (ז)
hélice (f)	madχef	מַדְחֵף (ז)
camarote (m)	ta	תָּא (ז)

sala (f) de oficiales	mo‘adon kʦinim	מוֹעֲדוֹן קְצִינִים (ז)
sala (f) de máquinas	χadar meχonot	חֲדַר מְכוֹנוֹת (ז)
puente (m) de mando	'geʃer hapikud	גֶּשֶׁר הַפִּיקוּד (ז)
sala (f) de radio	ta alχutan	תָּא אַלְחוּטָן (ז)
onda (f)	'teder	תֶּדֶר (ז)
cuaderno (m) de bitácora	yoman ha’oniya	יוֹמַן הָאוֹנִיָּה (ז)

anteojo (m)	miʃ'kefet	מִשְׁקֶפֶת (נ)
campana (f)	pa‘amon	פַּעֲמוֹן (ז)
bandera (f)	'degel	דֶּגֶל (ז)

cabo (m) (maroma)	avot ha’oniya	עֲבוֹת הָאוֹנִיָּה (נ)
nudo (m)	'keʃer	קֶשֶׁר (ז)

pasamano (m)	ma‘ake hasipun	מַעֲקֵה הַסִּיפּוּן (ז)
pasarela (f)	'keveʃ	כֶּבֶשׁ (ז)

ancla (f)	'ogen	עוֹגֶן (ז)
levar ancla	leharim 'ogen	לְהָרִים עוֹגֶן
echar ancla	la‘agon	לַעֲגוֹן
cadena (f) del ancla	ʃar'ʃeret ha'ogen	שַׁרְשֶׁרֶת הָעוֹגֶן (נ)

puerto (m)	namal	נָמֵל (ז)
embarcadero (m)	'mezaχ	מֶזַח (ז)
amarrar (vt)	la‘agon	לַעֲגוֹן
desamarrar (vt)	lehaflig	לְהַפְלִיג

viaje (m)	masa, tiyul	מַסָּע (ז), טִיּוּל (ז)
crucero (m) (viaje)	'ʃayit	שַׁיִט (ז)
derrota (f) (rumbo)	kivun	כִּיווּן (ז)
itinerario (m)	nativ	נָתִיב (ז)

canal (m) navegable	nativ 'ʃayit	נָתִיב שַׁיִט (ז)
bajío (m)	sirton	שִׂרְטוֹן (ז)
encallar (vi)	la‘alot al hasirton	לַעֲלוֹת עַל הַשִּׂרְטוֹן

tempestad (f)	sufa	סוּפָה (נ)
señal (f)	ot	אוֹת (ז)
hundirse (vr)	lit'bo‘a	לִטְבּוֹעַ
¡Hombre al agua!	adam ba'mayim!	אָדָם בַּמַּיִם!
SOS	kri’at haʦala	קְרִיאַת הַצָּלָה
aro (m) salvavidas	galgal haʦala	גַּלְגַּל הַצָּלָה (ז)

LA CIUDAD

T&P Books Publishing

autobús (m)	'otobus	אוֹטוֹבּוּס (ז)
tranvía (m)	ra'kevet kala	רַכֶּבֶת קַלָּה (נ)
trolebús (m)	tro'leibus	טרוֹלֵיבּוּס (ז)
itinerario (m)	maslul	מַסְלוּל (ז)
número (m)	mispar	מִסְפָּר (ז)
ir en …	lin'so'a be…	לִנְסוֹעַ בְּ...
tomar (~ el autobús)	la'alot	לַעֲלוֹת
bajar (~ del tren)	la'redet mi…	לָרֶדֶת מִ...
parada (f)	taχana	תַּחֲנָה (נ)
próxima parada (f)	hataχana haba'a	הַתַּחֲנָה הַבָּאָה (נ)
parada (f) final	hataχana ha'aχrona	הַתַּחֲנָה הָאַחֲרוֹנָה (נ)
horario (m)	'luaχ zmanim	לוּחַ זְמַנִּים (ז)
esperar (aguardar)	lehamtin	לְהַמְתִּין
billete (m)	kartis	כַּרְטִיס (ז)
precio (m) del billete	meχir hanesiya	מְחִיר הַנְּסִיעָה (ז)
cajero (m)	kupai	קוּפַּאי (ז)
control (m) de billetes	bi'koret kartisim	בִּיקוֹרֶת כַּרְטִיסִים (נ)
revisor (m)	mevaker	מְבַקֵּר (ז)
llegar tarde (vi)	le'aχer	לְאַחֵר
perder (~ el tren)	lefasfes	לְפַסְפֵס
tener prisa	lemaher	לְמַהֵר
taxi (m)	monit	מוֹנִית (נ)
taxista (m)	nahag monit	נַהַג מוֹנִית (ז)
en taxi	bemonit	בְּמוֹנִית
parada (f) de taxi	taχanat moniyot	תַּחֲנַת מוֹנִיוֹת (נ)
llamar un taxi	lehazmin monit	לְהַזְמִין מוֹנִית
tomar un taxi	la'kaχat monit	לָקַחַת מוֹנִית
tráfico (m)	tnu'a	תְּנוּעָה (נ)
atasco (m)	pkak	פְּקָק (ז)
horas (f pl) de punta	ʃa'ot 'omes	שְׁעוֹת עוֹמֶס (נ״ר)
aparcar (vi)	laχanot	לַחֲנוֹת
aparcar (vt)	lehaχnot	לְהַחְנוֹת
aparcamiento (m)	χanaya	חֲנָיָה (נ)
metro (m)	ra'kevet taχtit	רַכֶּבֶת תַּחְתִּית (נ)
estación (f)	taχana	תַּחֲנָה (נ)
ir en el metro	lin'so'a betaχtit	לִנְסוֹעַ בְּתַחְתִּית

| tren (m) | ra'kevet | רַכֶּבֶת (נ) |
| estación (f) | taχanat ra'kevet | תַחֲנַת רַכֶּבֶת (נ) |

28. La ciudad. La vida en la ciudad

ciudad (f)	ir	עִיר (נ)
capital (f)	ir bira	עִיר בִּירָה (נ)
aldea (f)	kfar	כְּפָר (ז)
plano (m) de la ciudad	mapat ha'ir	מַפַּת הָעִיר (נ)
centro (m) de la ciudad	merkaz ha'ir	מֶרְכַּז הָעִיר (ז)
suburbio (m)	parvar	פַּרְוָר (ז)
suburbano (adj)	parvari	פַּרְוָרִי
arrabal (m)	parvar	פַּרְוָר (ז)
afueras (f pl)	svivot	סְבִיבוֹת (נ״ר)
barrio (m)	ʃχuna	שְׁכוּנָה (נ)
zona (f) de viviendas	ʃχunat megurim	שְׁכוּנַת מְגוּרִים (נ)
tráfico (m)	tnu'a	תְנוּעָה (נ)
semáforo (m)	ramzor	רַמְזוֹר (ז)
transporte (m) urbano	taχbura tsiburit	תַחְבּוּרָה צִיבּוּרִית (נ)
cruce (m)	'tsomet	צוֹמֶת (ז)
paso (m) de peatones	ma'avar χatsaya	מַעֲבַר חֲצָיָה (ז)
paso (m) subterráneo	ma'avar tat karka'i	מַעֲבַר תַת-קַרְקָעִי (ז)
cruzar (vt)	laχatsot	לַחֲצוֹת
peatón (m)	holeχ 'regel	הוֹלֵךְ רֶגֶל (ז)
acera (f)	midraχa	מִדְרָכָה (נ)
puente (m)	'geʃer	גֶּשֶׁר (ז)
muelle (m)	ta'yelet	טַיֶּלֶת (נ)
fuente (f)	mizraka	מִזְרָקָה (נ)
alameda (f)	sdera	שְׂדֵרָה (נ)
parque (m)	park	פָּארק (ז)
bulevar (m)	sdera	שְׂדֵרָה (נ)
plaza (f)	kikar	כִּיכָּר (נ)
avenida (f)	reχov raʃi	רְחוֹב רָאשִׁי (ז)
calle (f)	reχov	רְחוֹב (ז)
callejón (m)	simta	סִמְטָה (נ)
callejón (m) sin salida	mavoi satum	מָבוֹי סָתוּם (ז)
casa (f)	'bayit	בַּיִת (ז)
edificio (m)	binyan	בְּנְיָן (ז)
rascacielos (m)	gored ʃχakim	גוֹרֵד שְׁחָקִים (ז)
fachada (f)	χazit	חָזִית (נ)
techo (m)	gag	גַּג (ז)
ventana (f)	χalon	חַלּוֹן (ז)

arco (m)	'keʃet	קֶשֶׁת (ז)
columna (f)	amud	עַמּוּד (ז)
esquina (f)	pina	פִּינָה (נ)
escaparate (f)	χalon ra'ava	חַלּוֹן רַאֲוָה (ז)
letrero (m) (~ luminoso)	'ʃelet	שֶׁלֶט (ז)
cartel (m)	kraza	כְּרָזָה (נ)
cartel (m) publicitario	'poster	פּוֹסְטֶר (ז)
valla (f) publicitaria	'luaχ pirsum	לוּחַ פְּרְסוּם (ז)
basura (f)	'zevel	זֶבֶל (ז)
cajón (m) de basura	paχ aʃpa	פַּח אַשְׁפָּה (ז)
tirar basura	lelaχleχ	לְלַכְלֵךְ
basurero (m)	mizbala	מִזְבָּלָה (נ)
cabina (f) telefónica	ta 'telefon	תָּא טֶלֶפוֹן (ז)
farola (f)	amud panas	עַמּוּד פָּנָס (ז)
banco (m) (del parque)	safsal	סַפְסָל (ז)
policía (m)	ʃoter	שׁוֹטֵר (ז)
policía (f) (~ nacional)	miʃtara	מִשְׁטָרָה (נ)
mendigo (m)	kabtsan	קַבְּצָן (ז)
persona (f) sin hogar	χasar 'bayit	חֲסַר בַּיִת (ז)

29. Las instituciones urbanas

tienda (f)	χanut	חֲנוּת (נ)
farmacia (f)	beit mir'kaχat	בֵּית מִרְקַחַת (ז)
óptica (f)	χanut miʃka'fayim	חֲנוּת מִשְׁקָפַיִים (נ)
centro (m) comercial	kanyon	קַנְיוֹן (ז)
supermercado (m)	super'market	סוּפֶּרְמַרְקֶט (ז)
panadería (f)	ma'afiya	מַאֲפִיָּה (נ)
panadero (m)	ofe	אוֹפֶה (ז)
pastelería (f)	χanut mamtakim	חֲנוּת מַמְתָּקִים (נ)
tienda (f) de comestibles	ma'kolet	מַכּוֹלֶת (נ)
carnicería (f)	itliz	אִטְלִיז (ז)
verdulería (f)	χanut perot viyerakot	חֲנוּת פֵּירוֹת וִירָקוֹת (נ)
mercado (m)	ʃuk	שׁוּק (ז)
cafetería (f)	beit kafe	בֵּית קָפֶה (ז)
restaurante (m)	mis'ada	מִסְעָדָה (נ)
cervecería (f)	pab	פָּאבּ (ז)
pizzería (f)	pi'tseriya	פִּיצֶרְיָה (נ)
peluquería (f)	mispara	מִסְפָּרָה (נ)
oficina (f) de correos	'do'ar	דוֹאַר (ז)
tintorería (f)	nikui yaveʃ	נִיקוּי יָבֵשׁ (ז)
estudio (m) fotográfico	'studyo letsilum	סְטוּדִיוֹ לְצִילּוּם (ז)

zapatería (f)	χanut naʿaʿlayim	חֲנוּת נַעֲלַיִים (נ)
librería (f)	χanut sfarim	חֲנוּת סְפָרִים (נ)
tienda (f) deportiva	χanut sport	חֲנוּת סְפּוֹרְט (נ)
arreglos (m pl) de ropa	χanut tikun bgadim	חֲנוּת תִּיקוּן בְּגָדִים (נ)
alquiler (m) de ropa	χanut haskarat bgadim	חֲנוּת הַשְׂכָּרַת בְּגָדִים (נ)
videoclub (m)	χanut haʃʿalat sratim	חֲנוּת הַשְׁאָלַת סְרָטִים (נ)
circo (m)	kirkas	קִרְקָס (ז)
zoológico (m)	gan hayot	גַּן חַיּוֹת (ז)
cine (m)	kol'noʿa	קוֹלְנוֹעַ (ז)
museo (m)	muze'on	מוּזֵיאוֹן (ז)
biblioteca (f)	sifriya	סִפְרִיָּה (נ)
teatro (m)	te'atron	תִּיאַטְרוֹן (ז)
ópera (f)	beit 'opera	בֵּית אוֹפֶּרָה (ז)
club (m) nocturno	moʿadon 'laila	מוֹעֲדוֹן לַיְלָה (ז)
casino (m)	ka'zino	קָזִינוֹ (ז)
mezquita (f)	misgad	מִסְגָּד (ז)
sinagoga (f)	beit 'kneset	בֵּית כְּנֶסֶת (ז)
catedral (f)	kated'rala	קָתֶדְרָלָה (נ)
templo (m)	mikdaʃ	מִקְדָּשׁ (ז)
iglesia (f)	knesiya	כְּנֵסִיָּה (נ)
instituto (m)	miχlala	מִכְלָלָה (נ)
universidad (f)	uni'versita	אוּנִיבֶרְסִיטָה (נ)
escuela (f)	beit 'sefer	בֵּית סֵפֶר (ז)
prefectura (f)	maχoz	מָחוֹז (ז)
alcaldía (f)	iriya	עִירִיָּה (נ)
hotel (m)	beit malon	בֵּית מָלוֹן (ז)
banco (m)	bank	בַּנְק (ז)
embajada (f)	ʃagrirut	שַׁגְרִירוּת (נ)
agencia (f) de viajes	soχnut nesi'ot	סוֹכְנוּת נְסִיעוֹת (נ)
oficina (f) de información	modi'in	מוֹדִיעִין (ז)
oficina (f) de cambio	misrad hamarat mat'beʿa	מִשְׂרַד הֲמָרַת מַטְבֵּעַ (ז)
metro (m)	ra'kevet taχtit	רַכֶּבֶת תַּחְתִּית (נ)
hospital (m)	beit χolim	בֵּית חוֹלִים (ז)
gasolinera (f)	taχanat 'delek	תַּחֲנַת דֶּלֶק (נ)
aparcamiento (m)	migraʃ χanaya	מִגְרַשׁ חֲנָיָה (ז)

30. Los avisos

letrero (m) (~ luminoso)	'ʃelet	שֶׁלֶט (ז)
cartel (m) (texto escrito)	moda'a	מוֹדָעָה (נ)
pancarta (f)	'poster	פּוֹסְטֶר (ז)

señal (m) de dirección	tamrur	תַּמְרוּר (ז)
flecha (f) (signo)	χets	חַץ (ז)
advertencia (f)	azhara	אַזְהָרָה (נ)
aviso (m)	ʃelet azhara	שֶׁלֶט אַזְהָרָה (ז)
advertir (vt)	lehazhir	לְהַזְהִיר
día (m) de descanso	yom χofeʃ	יוֹם חוֹפֶשׁ (ז)
horario (m)	'luaχ zmanim	לוּחַ זְמַנִּים (ז)
horario (m) de apertura	ʃa'ot avoda	שְׁעוֹת עֲבוֹדָה (נ"ר)
¡BIENVENIDOS!	bruχim haba'im!	בְּרוּכִים הַבָּאִים!
ENTRADA	knisa	כְּנִיסָה
SALIDA	yetsi'a	יְצִיאָה
EMPUJAR	dχof	דְּחוֹף
TIRAR	mʃoχ	מְשׁוֹךְ
ABIERTO	pa'tuaχ	פָּתוּחַ
CERRADO	sagur	סָגוּר
MUJERES	lenaʃim	לְנָשִׁים
HOMBRES	legvarim	לִגְבָרִים
REBAJAS	hanaχot	הֲנָחוֹת
SALDOS	mivtsa	מִבְצָע
NOVEDAD	χadaʃ!	חָדָשׁ!
GRATIS	χinam	חִינָם
¡ATENCIÓN!	sim lev!	שִׂים לֵב!
COMPLETO	ein makom panui	אֵין מָקוֹם פָּנוּי
RESERVADO	ʃamur	שָׁמוּר
ADMINISTRACIÓN	hanhala	הַנְהָלָה
SÓLO PERSONAL	le'ovdim bilvad	לְעוֹבְדִים בִּלְבַד
AUTORIZADO		
CUIDADO	zehirut 'kelev noʃeχ!	זְהִירוּת, כֶּלֶב נוֹשֵׁךְ!
CON EL PERRO		
PROHIBIDO FUMAR	asur le'aʃen!	אָסוּר לְעַשֵׁן!
NO TOCAR	lo lagaat!	לֹא לָגַעַת!
PELIGROSO	mesukan	מְסוּכָּן
PELIGRO	sakana	סַכָּנָה
ALTA TENSIÓN	'metaχ ga'voha	מֶתַח גָבוֹהַ
PROHIBIDO BAÑARSE	haraχatsa asura!	הָרַחָצָה אֲסוּרָה!
NO FUNCIONA	lo oved	לֹא עוֹבֵד
INFLAMABLE	dalik	דָּלִיק
PROHIBIDO	asur	אָסוּר
PROHIBIDO EL PASO	asur la'avor	אָסוּר לַעֲבוֹר
RECIÉN PINTADO	'tseva laχ	צֶבַע לַח

31. Las compras

comprar (vt)	liknot	לִקְנוֹת
compra (f)	kniya	קְנִיָּה (נ)
hacer compras	la'leχet lekniyot	לָלֶכֶת לִקְנִיּוֹת
compras (f pl)	ariχat kniyot	עֲרִיכַת קְנִיּוֹת (נ)
estar abierto (tienda)	pa'tuaχ	פָּתוּחַ
estar cerrado	sagur	סָגוּר
calzado (m)	na'a'layim	נַעֲלַיִים (נ״ר)
ropa (f)	bgadim	בְּגָדִים (ז״ר)
cosméticos (m pl)	tamrukim	תַּמְרוּקִים (ז״ר)
productos alimenticios	mutsrei mazon	מוּצְרֵי מָזוֹן (ז״ר)
regalo (m)	matana	מַתָּנָה (נ)
vendedor (m)	moχer	מוֹכֵר (ז)
vendedora (f)	mo'χeret	מוֹכֶרֶת (נ)
caja (f)	kupa	קוּפָּה (נ)
espejo (m)	mar'a	מַרְאָה (נ)
mostrador (m)	duχan	דוּכָן (ז)
probador (m)	'χeder halbaʃa	חֲדַר הַלְבָּשָׁה (ז)
probar (un vestido)	limdod	לִמְדוֹד
quedar (una ropa, etc.)	lehat'im	לְהַתְאִים
gustar (vi)	limtso χen be'ei'nayim	לִמְצוֹא חֵן בְּעֵינַיִים
precio (m)	meχir	מְחִיר (ז)
etiqueta (f) de precio	tag meχir	תַּג מְחִיר (ז)
costar (vt)	la'alot	לַעֲלוֹת
¿Cuánto?	'kama?	כַּמָּה?
descuento (m)	hanaχa	הֲנָחָה (נ)
no costoso (adj)	lo yakar	לֹא יָקָר
barato (adj)	zol	זוֹל
caro (adj)	yakar	יָקָר
Es caro	ze yakar	זֶה יָקָר
alquiler (m)	haskara	הַשְׂכָּרָה (נ)
alquilar (vt)	liskor	לִשְׂכּוֹר
crédito (m)	aʃrai	אַשְׁרַאי (ז)
a crédito (adv)	be'aʃrai	בְּאַשְׁרַאי

T&P BOOKS

LA ROPA Y LOS ACCESORIOS

T&P Books Publishing

32. La ropa exterior. Los abrigos

ropa (f)	bgadim	בְּגָדִים (ז״ר)
ropa (f) de calle	levuʃ elyon	לְבוּשׁ עֶלְיוֹן (ז)
ropa (f) de invierno	bigdei 'χoref	בִּגְדֵי חוֹרֶף (ז״ר)
abrigo (m)	me'il	מְעִיל (ז)
abrigo (m) de piel	me'il parva	מְעִיל פַּרְוָה (ז)
abrigo (m) corto de piel	me'il parva katsar	מְעִיל פַּרְוָה קָצָר (ז)
chaqueta (f) plumón	me'il puχ	מְעִיל פּוּךְ (ז)
cazadora (f)	me'il katsar	מְעִיל קָצָר (ז)
impermeable (m)	me'il 'geʃem	מְעִיל גֶּשֶׁם (ז)
impermeable (adj)	amid be'mayim	עָמִיד בְּמַיִם

33. Ropa de hombre y mujer

camisa (f)	χultsa	חוּלְצָה (נ)
pantalones (m pl)	miχna'sayim	מִכְנָסַיִם (ז״ר)
jeans, vaqueros (m pl)	miχnesei 'dʒins	מִכְנְסֵי גִּ'ינְס (ז״ר)
chaqueta (f), saco (m)	ʒaket	זָ'קֵט (ז)
traje (m)	χalifa	חֲלִיפָה (נ)
vestido (m)	simla	שְׂמְלָה (נ)
falda (f)	χatsa'it	חֲצָאִית (נ)
blusa (f)	χultsa	חוּלְצָה (נ)
rebeca (f), chaqueta (f) de punto	ʒaket 'tsemer	זָ'קֵט צֶמֶר (ז)
chaqueta (f)	ʒaket	זָ'קֵט (ז)
camiseta (f) (T-shirt)	ti ʃert	טִי שֶׁרְט (ז)
pantalones (m pl) cortos	miχna'sayim ktsarim	מִכְנָסַיִם קְצָרִים (ז״ר)
traje (m) deportivo	'trening	טְרֶנִינְג (ז)
bata (f) de baño	χaluk raχatsa	חָלוּק רַחְצָה (ז)
pijama (m)	pi'dʒama	פִּיגָ'מָה (נ)
suéter (m)	'sveder	סְוֶדֶר (ז)
pulóver (m)	afuda	אֲפוּדָה (נ)
chaleco (m)	vest	וֶסְט (ז)
frac (m)	frak	פְרַאק (ז)
esmoquin (m)	tuk'sido	טוּקְסִידוֹ (ז)
uniforme (m)	madim	מַדִים (ז״ר)
ropa (f) de trabajo	bigdei avoda	בִּגְדֵי עֲבוֹדָה (ז״ר)

| mono (m) | sarbal | סַרְבָּל (ז) |
| bata (f) (p. ej. ~ blanca) | xaluk | חָלוּק (ז) |

34. La ropa. La ropa interior

ropa (f) interior	levanim	לְבָנִים (ז״ר)
bóxer (m)	taxtonim	תַחְתוֹנִים (ז״ר)
bragas (f pl)	taxtonim	תַחְתוֹנִים (ז״ר)
camiseta (f) interior	gufiya	גוּפִיָּה (נ)
calcetines (m pl)	gar'bayim	גַרְבַּיִם (ז״ר)
camisón (m)	'ktonet 'laila	כְּתוֹנֶת לַיְלָה (נ)
sostén (m)	xaziya	חֲזִיָּה (נ)
calcetines (m pl) altos	birkon	בִּרְכּוֹן (ז)
pantimedias (f pl)	garbonim	גַרְבּוֹנִים (ז״ר)
medias (f pl)	garbei 'nailon	גַרְבֵּי נַיְלוֹן (ז״ר)
traje (m) de baño	'beged yam	בֶּגֶד יָם (ז)

35. Gorras

gorro (m)	'kova	כּוֹבַע (ז)
sombrero (m) de fieltro	'kova 'leved	כּוֹבַע לֶבֶד (ז)
gorra (f) de béisbol	'kova 'beisbol	כּוֹבַע בֵּייסְבּוֹל (ז)
gorra (f) plana	'kova mitsxiya	כּוֹבַע מִצְחִיָּה (ז)
boina (f)	baret	בָּרֶט (ז)
capuchón (m)	bardas	בַּרְדָס (ז)
panamá (m)	'kova 'tembel	כּוֹבַע טֶמְבֶּל (ז)
gorro (m) de punto	'kova 'gerev	כּוֹבַע גֶרֶב (ז)
pañuelo (m)	mit'paxat	מִטְפַּחַת (נ)
sombrero (m) de mujer	'kova	כּוֹבַע (ז)
casco (m) (~ protector)	kasda	קַסְדָה (נ)
gorro (m) de campaña	kumta	כּוּמְתָּה (נ)
casco (m) (~ de moto)	kasda	קַסְדָה (נ)
bombín (m)	mig'ba'at me'u'gelet	מִגְבַּעַת מְעוּגֶלֶת (נ)
sombrero (m) de copa	tsi'linder	צִילִינְדֶר (ז)

36. El calzado

calzado (m)	han'ala	הַנְעָלָה (נ)
botas (f pl)	na'a'layim	נַעֲלַיִם (נ״ר)
zapatos (m pl)	na'a'layim	נַעֲלַיִם (נ״ר)
(~ de tacón bajo)		

botas (f pl) altas	maga'fayim	מַגָּפַיִים (ז״ר)
zapatillas (f pl)	na'alei 'bayit	נַעֲלֵי בַּיִת (נ״ר)
tenis (m pl)	na'alei sport	נַעֲלֵי סְפּוֹרְט (נ״ר)
zapatillas (f pl) de lona	na'alei sport	נַעֲלֵי סְפּוֹרְט (נ״ר)
sandalias (f pl)	sandalim	סַנְדָּלִים (ז״ר)
zapatero (m)	sandlar	סַנְדְּלָר (ז)
tacón (m)	akev	עָקֵב (ז)
par (m)	zug	זוּג (ז)
cordón (m)	sroχ	שְׂרוֹךְ (ז)
encordonar (vt)	lisroχ	לִשְׂרוֹךְ
calzador (m)	kaf na'a'layim	כַּף נַעֲלַיִים (נ)
betún (m)	miʃχat na'a'layim	מִשְׁחַת נַעֲלַיִים (נ)

37. Accesorios personales

guantes (m pl)	kfafot	כְּפָפוֹת (נ״ר)
manoplas (f pl)	kfafot	כְּפָפוֹת (נ״ר)
bufanda (f)	tsa'if	צָעִיף (ז)
gafas (f pl)	miʃka'fayim	מִשְׁקָפַיִים (ז״ר)
montura (f)	mis'geret	מִסְגֶּרֶת (נ)
paraguas (m)	mitriya	מַטְרִיָּה (נ)
bastón (m)	makel haliχa	מַקֵּל הֲלִיכָה (ז)
cepillo (m) de pelo	miv'reʃet se'ar	מִבְרֶשֶׁת שֵׂיעָר (נ)
abanico (m)	menifa	מְנִיפָה (נ)
corbata (f)	aniva	עֲנִיבָה (נ)
pajarita (f)	anivat parpar	עֲנִיבַת פַּרְפַּר (נ)
tirantes (m pl)	ktefiyot	כְּתֵפִיּוֹת (נ״ר)
moquero (m)	mimχata	מִמְחָטָה (נ)
peine (m)	masrek	מַסְרֵק (ז)
pasador (m) de pelo	sikat roʃ	סִיכַּת רֹאשׁ (נ)
horquilla (f)	sikat se'ar	סִיכַּת שֵׂעָר (נ)
hebilla (f)	avzam	אַבְזָם (ז)
cinturón (m)	χagora	חֲגוֹרָה (נ)
correa (f) (de bolso)	retsu'at katef	רְצוּעַת כָּתֵף (נ)
bolsa (f)	tik	תִּיק (ז)
bolso (m)	tik	תִּיק (ז)
mochila (f)	tarmil	תַּרְמִיל (ז)

38. La ropa. Miscelánea

| moda (f) | ofna | אוֹפְנָה (נ) |
| de moda (adj) | ofnati | אוֹפְנָתִי |

diseñador (m) de moda	me'atsev ofna	מְעַצֵּב אוֹפְנָה (ז)
cuello (m)	tsavaron	צַוָּארוֹן (ז)
bolsillo (m)	kis	כִּיס (ז)
de bolsillo (adj)	ʃel kis	שֶׁל כִּיס
manga (f)	ʃarvul	שַׁרְווּל (ז)
presilla (f)	mitle	מִתְלֶה (ז)
bragueta (f)	χanut	חֲנוּת (נ)

cremallera (f)	roχsan	רוֹכְסָן (ז)
cierre (m)	'keres	קֶרֶס (ז)
botón (m)	kaftor	כַּפְתּוֹר (ז)
ojal (m)	lula'a	לוּלָאָה (נ)
saltar (un botón)	lehitaleʃ	לְהִיתָּלֵשׁ

coser (vi, vt)	litpor	לִתְפּוֹר
bordar (vt)	lirkom	לִרְקוֹם
bordado (m)	rikma	רִקְמָה (נ)
aguja (f)	'maχat tfira	מַחַט תְּפִירָה (נ)
hilo (m)	χut	חוּט (ז)
costura (f)	'tefer	תֶּפֶר (ז)

ensuciarse (vr)	lehitlaχleχ	לְהִתְלַכְלֵךְ
mancha (f)	'ketem	כֶּתֶם (ז)
arrugarse (vr)	lehitkamet	לְהִתְקַמֵּט
rasgar (vt)	lik'ro'a	לִקְרוֹעַ
polilla (f)	aʃ	עָשׁ (ז)

39. Productos personales. Cosméticos

pasta (f) de dientes	miʃχat ʃi'nayim	מִשְׁחַת שִׁינַיִים (נ)
cepillo (m) de dientes	miv'reʃet ʃi'nayim	מִבְרֶשֶׁת שִׁינַיִים (נ)
limpiarse los dientes	letsaχ'tseaχ ʃi'nayim	לְצַחְצֵחַ שִׁינַיִים

maquinilla (f) de afeitar	'ta'ar	תַּעַר (ז)
crema (f) de afeitar	'ketsef gi'luaχ	קֶצֶף גִּילּוּחַ (ז)
afeitarse (vr)	lehitga'leaχ	לְהִתְגַּלֵּחַ

jabón (m)	sabon	סַבּוֹן (ז)
champú (m)	ʃampu	שַׁמְפּוּ (ז)

tijeras (f pl)	mispa'rayim	מִסְפָּרַיִים (ז״ר)
lima (f) de uñas	ptsira	פְּצִירָה (נ)
cortaúñas (m pl)	gozez tsipor'nayim	גּוֹזֵז צִיפּוֹרְנַיִים (ז)
pinzas (f pl)	pin'tseta	פִּינְצֶטָה (נ)

cosméticos (m pl)	tamrukim	תַּמְרוּקִים (ז״ר)
mascarilla (f)	maseχa	מַסֵּכָה (נ)
manicura (f)	manikur	מָנִיקוּר (ז)
hacer la manicura	la'asot manikur	לַעֲשׂוֹת מָנִיקוּר
pedicura (f)	pedikur	פֶּדִיקוּר (ז)

bolsa (f) de maquillaje	tik ipur	תִּיק אִיפּוּר (ז)
polvos (m pl)	'pudra	פּוּדְרָה (נ)
polvera (f)	pudriya	פּוּדְרִיָּה (נ)
colorete (m), rubor (m)	'somek	סוֹמֶק (ז)
perfume (m)	'bosem	בּוֹשֶׂם (ז)
agua (f) de tocador	mei 'bosem	מֵי בּוֹשֶׂם (ז״ר)
loción (f)	mei panim	מֵי פָּנִים (ז״ר)
agua (f) de Colonia	mei 'bosem	מֵי בּוֹשֶׂם (ז״ר)
sombra (f) de ojos	tslalit	צְלָלִית (נ)
lápiz (m) de ojos	ai 'lainer	אַי לַיינֶר (ז)
rímel (m)	'maskara	מַסְקָרָה (נ)
pintalabios (m)	sfaton	שְׂפָתוֹן (ז)
esmalte (m) de uñas	'laka letsipor'nayim	לַכָּה לְצִיפּוֹרְנַיים (נ)
fijador (m) para el pelo	tarsis lese'ar	תַרְסִיס לְשֵׂיעָר (ז)
desodorante (m)	de'odo'rant	דֵאוֹדוֹרַנְט (ז)
crema (f)	krem	קְרֶם (ז)
crema (f) de belleza	krem panim	קְרֶם פָּנִים (ז)
crema (f) de manos	krem ya'dayim	קְרֶם יָדַיים (ז)
crema (f) antiarrugas	krem 'neged kmatim	קְרֶם נֶגֶד קְמָטִים (ז)
crema (f) de día	krem yom	קְרֶם יוֹם (ז)
crema (f) de noche	krem 'laila	קְרֶם לַיְלָה (ז)
de día (adj)	yomi	יוֹמִי
de noche (adj)	leili	לֵילִי
tampón (m)	tampon	טַמְפּוֹן (ז)
papel (m) higiénico	neyar tu'alet	נְיָיר טוּאָלֶט (ז)
secador (m) de pelo	meyabef se'ar	מְיַבֵּשׁ שֵׂיעָר (ז)

40. Los relojes

reloj (m)	feʿon yad	שָׁעוֹן יָד (ז)
esfera (f)	'luax faʿon	לוּחַ שָׁעוֹן (ז)
aguja (f)	maxog	מָחוֹג (ז)
pulsera (f)	tsamid	צָמִיד (ז)
correa (f) (del reloj)	retsuʿa lefaʿon	רְצוּעָה לְשָׁעוֹן (נ)
pila (f)	solela	סוֹלְלָה (נ)
descargarse (vr)	lehitroken	לְהִתְרוֹקֵן
cambiar la pila	lehaxlif	לְהַחְלִיף
adelantarse (vr)	lemaher	לְמַהֵר
retrasarse (vr)	lefager	לְפַגֵּר
reloj (m) de pared	feʿon kir	שָׁעוֹן קִיר (ז)
reloj (m) de arena	feʿon xol	שָׁעוֹן חוֹל (ז)
reloj (m) de sol	feʿon 'femef	שָׁעוֹן שֶׁמֶשׁ (ז)
despertador (m)	faʿon meʿorer	שָׁעוֹן מְעוֹרֵר (ז)

| relojero (m) | ʃaˈan | שָׁעָן (ז) |
| reparar (vt) | letaken | לְתַקֵּן |

LA EXPERIENCIA DIARIA

T&P Books Publishing

dinero (m)	'kesef	כֶּסֶף (ז)
cambio (m)	hamara	הֲמָרָה (נ)
curso (m)	'ʃaʿar χalifin	שַׁעַר חֲלִיפִין (ז)
cajero (m) automático	kaspomat	כַּסְפּוֹמָט (ז)
moneda (f)	mat'beʿa	מַטְבֵּעַ (ז)
dólar (m)	'dolar	דּוֹלָר (ז)
euro (m)	'eiro	אֵירוֹ (ז)
lira (f)	'lira	לִירָה (נ)
marco (m) alemán	mark germani	מַרְק גֶּרְמָנִי (ז)
franco (m)	frank	פְרַנְק (ז)
libra esterlina (f)	'lira 'sterling	לִירָה שְׁטֶרְלִינְג (נ)
yen (m)	yen	יֶן (ז)
deuda (f)	χov	חוֹב (ז)
deudor (m)	'baʿal χov	בַּעַל חוֹב (ז)
prestar (vt)	lehalvot	לְהַלְווֹת
tomar prestado	lilvot	לִלְווֹת
banco (m)	bank	בַּנְק (ז)
cuenta (f)	χeʃbon	חֶשְׁבּוֹן (ז)
ingresar (~ en la cuenta)	lehafkid	לְהַפְקִיד
ingresar en la cuenta	lehafkid leχeʃbon	לְהַפְקִיד לְחֶשְׁבּוֹן
sacar de la cuenta	limʃoχ meχeʃbon	לִמְשׁוֹך מֵחֶשְׁבּוֹן
tarjeta (f) de crédito	kartis aʃrai	כַּרְטִיס אַשְׁרַאי (ז)
dinero (m) en efectivo	mezuman	מְזוּמָן
cheque (m)	tʃek	צֶ׳ק (ז)
sacar un cheque	liχtov tʃek	לִכְתּוֹב צֶ׳ק
talonario (m)	pinkas 'tʃekim	פִּנְקָס צֶ׳קִים (ז)
cartera (f)	arnak	אַרְנָק (ז)
monedero (m)	arnak lematbe''ot	אַרְנָק לְמַטְבְּעוֹת (ז)
caja (f) fuerte	ka'sefet	כַּסֶּפֶת (נ)
heredero (m)	yoreʃ	יוֹרֵשׁ (ז)
herencia (f)	yeruʃa	יְרוּשָׁה (נ)
fortuna (f)	'oʃer	עוֹשֶׁר (ז)
arriendo (m)	χoze sχirut	חוֹזֶה שְׂכִירוּת (ז)
alquiler (m) (dinero)	sχar dira	שְׂכַר דִּירָה (ז)
alquilar (~ una casa)	liskor	לִשְׂכּוֹר
precio (m)	meχir	מְחִיר (ז)

coste (m)	alut	עָלוּת (נ)
suma (f)	sχum	סְכוּם (ז)
gastar (vt)	lehotsi	לְהוֹצִיא
gastos (m pl)	hotsa'ot	הוֹצָאוֹת (נ״ר)
economizar (vi, vt)	laχasoχ	לַחֲסוֹךְ
económico (adj)	χesχoni	חֶסְכוֹנִי
pagar (vi, vt)	leʃalem	לְשַׁלֵּם
pago (m)	taʃlum	תַּשְׁלוּם (ז)
cambio (m) (devolver el ~)	'odef	עוֹדֶף (ז)
impuesto (m)	mas	מַס (ז)
multa (f)	knas	קְנָס (ז)
multar (vt)	liknos	לִקְנוֹס

42. La oficina de correos

oficina (f) de correos	'do'ar	דּוֹאַר (ז)
correo (m) (cartas, etc.)	'do'ar	דּוֹאַר (ז)
cartero (m)	davar	דַּוָּר (ז)
horario (m) de apertura	ʃa'ot avoda	שְׁעוֹת עֲבוֹדָה (נ״ר)
carta (f)	miχtav	מִכְתָּב (ז)
carta (f) certificada	miχtav raʃum	מִכְתָּב רָשׁוּם (ז)
tarjeta (f) postal	gluya	גְּלוּיָה (נ)
telegrama (m)	mivrak	מִבְרָק (ז)
paquete (m) postal	χavila	חֲבִילָה (נ)
giro (m) postal	ha'avarat ksafim	הַעֲבָרַת כְּסָפִים (נ)
recibir (vt)	lekabel	לְקַבֵּל
enviar (vt)	liʃloaχ	לִשְׁלוֹחַ
envío (m)	ʃliχa	שְׁלִיחָה (נ)
dirección (f)	'ktovet	כְּתוֹבֶת (נ)
código (m) postal	mikud	מִיקוּד (ז)
expedidor (m)	ʃo'leaχ	שׁוֹלֵחַ (ז)
destinatario (m)	nim'an	נִמְעָן (ז)
nombre (m)	ʃem prati	שֵׁם פְּרָטִי (ז)
apellido (m)	ʃem miʃpaχa	שֵׁם מִשְׁפָּחָה (ז)
tarifa (f)	ta'arif	תַּעֲרִיף (ז)
ordinario (adj)	ragil	רָגִיל
económico (adj)	χesχoni	חֶסְכוֹנִי
peso (m)	miʃkal	מִשְׁקָל (ז)
pesar (~ una carta)	liʃkol	לִשְׁקוֹל
sobre (m)	ma'atafa	מַעֲטָפָה (נ)
sello (m)	bul 'do'ar	בּוּל דּוֹאַר (ז)
poner un sello	lehadbik bul	לְהַדְבִּיק בּוּל

43. La banca

banco (m)	bank	בַּנק (ז)
sucursal (f)	snif	סְנִיף (ז)
consultor (m)	yo'ets	יוֹעֵץ (ז)
gerente (m)	menahel	מְנַהֵל (ז)
cuenta (f)	xeʃbon	חֶשְׁבּוֹן (ז)
numero (m) de la cuenta	mispar xeʃbon	מִסְפַּר חֶשְׁבּוֹן (ז)
cuenta (f) corriente	xeʃbon over vaʃav	חֶשְׁבּוֹן עוֹבֵר וָשָׁב (ז)
cuenta (f) de ahorros	xeʃbon xisaxon	חֶשְׁבּוֹן חִסָּכוֹן (ז)
abrir una cuenta	lif'toax xeʃbon	לִפְתּוֹחַ חֶשְׁבּוֹן
cerrar la cuenta	lisgor xeʃbon	לִסְגּוֹר חֶשְׁבּוֹן
ingresar en la cuenta	lehafkid lexeʃbon	לְהַפְקִיד לְחֶשְׁבּוֹן
sacar de la cuenta	limʃox mexeʃbon	לִמְשׁוֹךְ מֵחֶשְׁבּוֹן
depósito (m)	pikadon	פִּיקָדוֹן (ז)
hacer un depósito	lehafkid	לְהַפְקִיד
giro (m) bancario	ha'avara banka'it	הַעֲבָרָה בַּנקָאִית (נ)
hacer un giro	leha'avir 'kesef	לְהַעֲבִיר כֶּסֶף
suma (f)	sxum	סְכוּם (ז)
¿Cuánto?	'kama?	כַּמָּה?
firma (f) (nombre)	xatima	חֲתִימָה (נ)
firmar (vt)	laxtom	לַחְתּוֹם
tarjeta (f) de crédito	kartis aʃrai	כַּרְטִיס אַשְׁרַאי (ז)
código (m)	kod	קוֹד (ז)
número (m) de tarjeta de crédito	mispar kartis aʃrai	מִסְפָּר כַּרְטִיס אַשְׁרַאי (ז)
cajero (m) automático	kaspomat	כַּספּוֹמָט (ז)
cheque (m)	tʃek	צֶ'ק (ז)
sacar un cheque	lixtov tʃek	לִכְתּוֹב צֶ'ק
talonario (m)	pinkas 'tʃekim	פִּנקַס צֶ'קִים (ז)
crédito (m)	halva'a	הַלוָאָה (נ)
pedir el crédito	levakeʃ halva'a	לְבַקֵּשׁ הַלוָאָה
obtener un crédito	lekabel halva'a	לְקַבֵּל הַלוָאָה
conceder un crédito	lehalvot	לְהַלווֹת
garantía (f)	arvut	עַרְבוּת (נ)

44. El teléfono. Las conversaciones telefónicas

| teléfono (m) | 'telefon | טֶלֶפוֹן (ז) |
| teléfono (m) móvil | 'telefon nayad | טֶלֶפוֹן נַיָּד (ז) |

contestador (m)	meʃivon	מְשִׁיבוֹן (ז)
llamar, telefonear	letsaltsel	לְצַלְצֵל
llamada (f)	siχat 'telefon	שִׂיחַת טֶלֶפוֹן (נ)
marcar un número	leχayeg mispar	לְחַיֵּיג מִסְפָּר
¿Sí?, ¿Dígame?	'halo!	הָלוֹ!
preguntar (vt)	liʃ'ol	לִשְׁאוֹל
responder (vi, vt)	la'anot	לַעֲנוֹת
oír (vt)	liʃ'mo‘a	לִשְׁמוֹעַ
bien (adv)	tov	טוֹב
mal (adv)	lo tov	לֹא טוֹב
ruidos (m pl)	hafra'ot	הַפְרָעוֹת (נ"ר)
auricular (m)	ʃfo'feret	שְׁפוֹפֶרֶת (נ)
descolgar (el teléfono)	leharim ʃfo'feret	לְהָרִים שְׁפוֹפֶרֶת
colgar el auricular	leha'niaχ ʃfo'feret	לְהָנִיחַ שְׁפוֹפֶרֶת
ocupado (adj)	tafus	תָּפוּס
sonar (teléfono)	letsaltsel	לְצַלְצֵל
guía (f) de teléfonos	'sefer tele'fonim	סֵפֶר טֶלֶפוֹנִים (ז)
local (adj)	mekomi	מְקוֹמִי
llamada (f) local	siχa mekomit	שִׂיחָה מְקוֹמִית (נ)
de larga distancia	bein ironi	בֵּין עִירוֹנִי
llamada (f) de larga distancia	siχa bein ironit	שִׂיחָה בֵּין עִירוֹנִית (נ)
internacional (adj)	benle’umi	בֵּינְלְאוּמִי
llamada (f) internacional	siχa benle’umit	שִׂיחָה בֵּינְלְאוּמִית (נ)

45. El teléfono celular

teléfono (m) móvil	'telefon nayad	טֶלֶפוֹן נַיָּיד (ז)
pantalla (f)	masaχ	מָסָךְ (ז)
botón (m)	kaftor	כַּפְתּוֹר (ז)
tarjeta SIM (f)	kartis sim	כַּרְטִיס סִים (ז)
pila (f)	solela	סוֹלְלָה (נ)
descargarse (vr)	lehitroken	לְהִתְרוֹקֵן
cargador (m)	mit'an	מִטְעָן (ז)
menú (m)	tafrit	תַּפְרִיט (ז)
preferencias (f pl)	hagdarot	הַגְדָּרוֹת (נ"ר)
melodía (f)	mangina	מַנְגִּינָה (נ)
seleccionar (vt)	livχor	לִבְחוֹר
calculadora (f)	maχʃevon	מַחְשְׁבוֹן (ז)
contestador (m)	ta koli	תָּא קוֹלִי (ז)
despertador (m)	ʃa'on me‘orer	שָׁעוֹן מְעוֹרֵר (ז)
contactos (m pl)	anʃei 'keʃer	אַנְשֵׁי קֶשֶׁר (ז"ר)

| mensaje (m) de texto | misron | מִסְרוֹן (ז) |
| abonado (m) | manui | מָנוּי (ז) |

46. Los artículos de escritorio. La papelería

| bolígrafo (m) | et kaduri | עֵט כַּדוּרִי (ז) |
| pluma (f) estilográfica | et no've'a | עֵט נוֹבֵעַ (ז) |

lápiz (m)	iparon	עִיפָּרוֹן (ז)
marcador (m)	'marker	מַרְקֵר (ז)
rotulador (m)	tuʃ	טוּשׁ (ז)

| bloc (m) de notas | pinkas | פִּנְקָס (ז) |
| agenda (f) | yoman | יוֹמָן (ז) |

regla (f)	sargel	סַרְגֵּל (ז)
calculadora (f)	maxʃevon	מַחְשְׁבוֹן (ז)
goma (f) de borrar	'maxak	מַחַק (ז)
chincheta (f)	'na'ats	נַעַץ (ז)
clip (m)	mehadek	מְהַדֵּק (ז)

cola (f), pegamento (m)	'devek	דֶּבֶק (ז)
grapadora (f)	ʃadxan	שַׁדְכָן (ז)
perforador (m)	menakev	מְנַקֵּב (ז)
sacapuntas (m)	maxded	מַחְדֵּד (ז)

47. Los idiomas extranjeros

lengua (f)	safa	שָׂפָה (נ)
extranjero (adj)	zar	זָר
lengua (f) extranjera	safa zara	שָׂפָה זָרָה (נ)
estudiar (vt)	lilmod	לִלְמוֹד
aprender (ingles, etc.)	lilmod	לִלְמוֹד

leer (vi, vt)	likro	לִקְרוֹא
hablar (vi, vt)	ledaber	לְדַבֵּר
comprender (vt)	lehavin	לְהָבִין
escribir (vt)	lixtov	לִכְתּוֹב

rápidamente (adv)	maher	מַהֵר
lentamente (adv)	le'at	לְאַט
con fluidez (adv)	xofʃi	חוֹפְשִׁי

reglas (f pl)	klalim	כְּלָלִים (ז"ר)
gramática (f)	dikduk	דִּקְדוּק (ז)
vocabulario (m)	otsar milim	אוֹצַר מִילִים (ז)
fonética (f)	torat ha'hege	תּוֹרַת הַהֶגֶה (נ)
manual (m)	'sefer limud	סֵפֶר לִימוּד (ז)

diccionario (m)	milon	מִילוֹן (ז)
manual (m) autodidáctico	'sefer lelimud atsmi	סֵפֶר לְלִימוּד עַצמִי (ז)
guía (f) de conversación	siχon	שִׂיחוֹן (ז)

casete (m)	ka'letet	קַלֶטֶת (נ)
videocasete (f)	ka'letet 'vide'o	קַלֶטֶת וִידֵיאוֹ (נ)
disco compacto, CD (m)	taklitor	תַקלִיטוֹר (ז)
DVD (m)	di vi di	דִי. וִי. דִי. (ז)

alfabeto (m)	alefbeit	אָלֶפבֵּית (ז)
deletrear (vt)	le'ayet	לְאַיֵית
pronunciación (f)	hagiya	הָגִייָה (נ)

acento (m)	mivta	מִבטָא (ז)
con acento	im mivta	עִם מִבטָא
sin acento	bli mivta	בּלִי מִבטָא

| palabra (f) | mila | מִילָה (נ) |
| significado (m) | maʃma'ut | מַשמָעוּת (נ) |

cursos (m pl)	kurs	קוּרס (ז)
inscribirse (vr)	leheraʃem lekurs	לְהֵירָשֵם לְקוּרס
profesor (m) (~ de inglés)	more	מוֹרֶה (ז)

traducción (f) (proceso)	tirgum	תַרגוּם (ז)
traducción (f) (texto)	tirgum	תַרגוּם (ז)
traductor (m)	metargem	מְתַרגֵם (ז)
intérprete (m)	meturgeman	מְתוּרגְמָן (ז)

| políglota (m) | poliglot | פּוֹלִיגלוֹט (ז) |
| memoria (f) | zikaron | זִיכָּרוֹן (ז) |

T&P BOOKS

LAS COMIDAS. EL RESTAURANTE

T&P Books Publishing

48. Los cubiertos

cuchara (f)	kaf	כַּף (נ)
cuchillo (m)	sakin	סַכִּין (ז, נ)
tenedor (m)	mazleg	מַזְלֵג (ז)
taza (f)	'sefel	סֵפֶל (ז)
plato (m)	tsa'laχat	צַלַּחַת (נ)
platillo (m)	taχtit	תַּחְתִּית (נ)
servilleta (f)	mapit	מַפִּית (נ)
mondadientes (m)	keisam ʃi'nayim	קֵיסָם שִׁנַּיִים (ז)

49. El restaurante

restaurante (m)	mis'ada	מִסְעָדָה (נ)
cafetería (f)	beit kafe	בֵּית קָפֶה (ז)
bar (m)	bar, pab	בַּר, פַּאבּ (ז)
salón (m) de té	beit te	בֵּית תֵּה (ז)
camarero (m)	meltsar	מֶלְצַר (ז)
camarera (f)	meltsarit	מֶלְצָרִית (נ)
barman (m)	'barmen	בַּרְמָן (ז)
carta (f), menú (m)	tafrit	תַּפְרִיט (ז)
carta (f) de vinos	reʃimat yeynot	רְשִׁימַת יֵינוֹת (נ)
reservar una mesa	lehazmin ʃulχan	לְהַזְמִין שׁוּלְחָן
plato (m)	mana	מָנָה (נ)
pedir (vt)	lehazmin	לְהַזְמִין
hacer un pedido	lehazmin	לְהַזְמִין
aperitivo (m)	maʃke meta'aven	מַשְׁקֶה מְתַאֲבֵן (ז)
entremés (m)	meta'aven	מְתַאֲבֵן (ז)
postre (m)	ki'nuaχ	קִינּוּחַ (ז)
cuenta (f)	χeʃbon	חֶשְׁבּוֹן (ז)
pagar la cuenta	leʃalem	לְשַׁלֵּם
dar la vuelta	latet 'odef	לָתֵת עוֹדֶף
propina (f)	tip	טִיפּ (ז)

50. Las comidas

| comida (f) | 'oχel | אוֹכֶל (ז) |
| comer (vi, vt) | le'eχol | לֶאֱכוֹל |

desayuno (m)	aruχat 'boker	אֲרוּחַת בּוֹקֶר (נ)
desayunar (vi)	le'eχol aruχat 'boker	לָאֱכוֹל אֲרוּחַת בּוֹקֶר
almuerzo (m)	aruχat tsaha'rayim	אֲרוּחַת צָהֳרַיִים (נ)
almorzar (vi)	le'eχol aruχat tsaha'rayim	לָאֱכוֹל אֲרוּחַת צָהֳרַיִים
cena (f)	aruχat 'erev	אֲרוּחַת עֶרֶב (נ)
cenar (vi)	le'eχol aruχat 'erev	לָאֱכוֹל אֲרוּחַת עֶרֶב
apetito (m)	te'avon	תֵּיאָבוֹן (ז)
¡Que aproveche!	betei'avon!	בְּתֵיאָבוֹן!
abrir (vt)	lif'toaχ	לִפְתּוֹחַ
derramar (líquido)	liʃpoχ	לִשְׁפּוֹךְ
derramarse (líquido)	lehiʃapeχ	לְהִישָׁפֵךְ
hervir (vi)	lir'toaχ	לִרְתּוֹחַ
hervir (vt)	lehar'tiaχ	לְהַרְתִּיחַ
hervido (agua ~a)	ra'tuaχ	רָתוּחַ
enfriar (vt)	lekarer	לְקָרֵר
enfriarse (vr)	lehitkarer	לְהִתְקָרֵר
sabor (m)	'ta'am	טַעַם (ז)
regusto (m)	'ta'am levai	טַעַם לְוַואי (ז)
adelgazar (vi)	lirzot	לִרְזוֹת
dieta (f)	di''eta	דִּיאָטָה (נ)
vitamina (f)	vitamin	וִיטָמִין (ז)
caloría (f)	ka'lorya	קָלוֹרִיָה (נ)
vegetariano (m)	tsimχoni	צִמְחוֹנִי (ז)
vegetariano (adj)	tsimχoni	צִמְחוֹנִי
grasas (f pl)	ʃumanim	שׁוּמָנִים (ז"ר)
proteínas (f pl)	χelbonim	חֶלְבּוֹנִים (ז"ר)
carbohidratos (m pl)	paχmema	פַּחְמֵימָה (נ)
loncha (f)	prusa	פְרוּסָה (נ)
pedazo (m)	χatiχa	חֲתִיכָה (נ)
miga (f)	perur	פֵּירוּר (ז)

51. Los platos

plato (m)	mana	מָנָה (נ)
cocina (f)	mitbaχ	מִטְבָּח (ז)
receta (f)	matkon	מַתְכּוֹן (ז)
porción (f)	mana	מָנָה (נ)
ensalada (f)	salat	סָלָט (ז)
sopa (f)	marak	מָרָק (ז)
caldo (m)	marak tsaχ, tsir	מָרָק צַח, צִיר (ז)
bocadillo (m)	kariχ	כָּרִיך (ז)
huevos (m pl) fritos	beitsat ain	בֵּיצַת עַיִן (נ)

hamburguesa (f)	'hamburger	הַמְבּוּרְגֶר (ז)
bistec (m)	umtsa, steik	אוּמְצָה (נ), סְטֵייק (ז)
guarnición (f)	to'sefet	תּוֹסֶפֶת (נ)
espagueti (m)	spa'geti	סְפָּגֶטִי (ז)
puré (m) de patatas	meχit tapuχei adama	מְחִית תַּפּוּחֵי אֲדָמָה (נ)
pizza (f)	'pitsa	פִּיצָה (נ)
gachas (f pl)	daysa	דַּייסָה (נ)
tortilla (f) francesa	χavita	חֲבִיתָה (נ)
cocido en agua (adj)	mevuʃal	מְבוּשָׁל
ahumado (adj)	me'uʃan	מְעוּשָׁן
frito (adj)	metugan	מְטוּגָּן
seco (adj)	meyubaʃ	מְיוּבָּשׁ
congelado (adj)	kafu	קָפוּא
marinado (adj)	kavuʃ	כָּבוּשׁ
azucarado, dulce (adj)	matok	מָתוֹק
salado (adj)	ma'luaχ	מָלוּחַ
frío (adj)	kar	קַר
caliente (adj)	χam	חַם
amargo (adj)	marir	מָרִיר
sabroso (adj)	ta'im	טָעִים
cocer en agua	levaʃel be'mayim rotχim	לְבַשֵּׁל בְּמַיִם רוֹתְחִים
preparar (la cena)	levaʃel	לְבַשֵּׁל
freír (vt)	letagen	לְטַגֵּן
calentar (vt)	leχamem	לְחַמֵּם
salar (vt)	leham'liaχ	לְהַמְלִיחַ
poner pimienta	lefalpel	לְפַלְפֵּל
rallar (vt)	lerasek	לְרַסֵּק
piel (f)	klipa	קְלִיפָּה (נ)
pelar (vt)	lekalef	לְקַלֵּף

52. La comida

carne (f)	basar	בָּשָׂר (ז)
gallina (f)	of	עוֹף (ז)
pollo (m)	pargit	פַּרְגִּית (נ)
pato (m)	barvaz	בַּרְוָז (ז)
ganso (m)	avaz	אֲווָז (ז)
caza (f) menor	'tsayid	צַיִד (ז)
pava (f)	'hodu	הוֹדוּ (ז)
carne (f) de cerdo	basar χazir	בָּשָׂר חֲזִיר (ז)
carne (f) de ternera	basar 'egel	בָּשָׂר עֵגֶל (ז)
carne (f) de carnero	basar 'keves	בָּשָׂר כֶּבֶשׂ (ז)
carne (f) de vaca	bakar	בָּקָר (ז)
conejo (m)	arnav	אַרְנָב (ז)

salchichón (m)	naknik	נַקְנִיק (ז)
salchicha (f)	naknikiya	נַקְנִיקִיָּה (נ)
beicon (m)	'kotel χazir	קוֹתֶל חֲזִיר (ז)
jamón (m)	basar χazir me'uʃan	בָּשָׂר חֲזִיר מְעוּשָׁן (ז)
jamón (m) fresco	'kotel χazir me'uʃan	קוֹתֶל חֲזִיר מְעוּשָׁן (ז)

paté (m)	pate	פָּטֶה (ז)
hígado (m)	kaved	כָּבֵד (ז)
carne (f) picada	basar taχun	בָּשָׂר טָחוּן (ז)
lengua (f)	laʃon	לָשׁוֹן (נ)

huevo (m)	beitsa	בֵּיצָה (נ)
huevos (m pl)	beitsim	בֵּיצִים (ז"ר)
clara (f)	χelbon	חֶלְבּוֹן (ז)
yema (f)	χelmon	חֶלְמוֹן (ז)

pescado (m)	dag	דָּג (ז)
mariscos (m pl)	perot yam	פֵּירוֹת יָם (ז"ר)
crustáceos (m pl)	sartana'im	סַרְטָנָאִים (ז"ר)
caviar (m)	kavyar	קַוְויָאר (ז)

cangrejo (m) de mar	sartan yam	סַרְטָן יָם (ז)
camarón (m)	ʃrimps	שְׁרִימְפְּס (ז"ר)
ostra (f)	tsidpat ma'aχal	צִדְפַּת מַאֲכָל (נ)
langosta (f)	'lobster kotsani	לוֹבְּסְטֶר קוֹצָנִי (ז)
pulpo (m)	tamnun	תַּמְנוּן (ז)
calamar (m)	kala'mari	קָלָמָארִי (ז)

esturión (m)	basar haχidkan	בָּשָׂר הַחִדְקָן (ז)
salmón (m)	'salmon	סַלְמוֹן (ז)
fletán (m)	putit	פּוּטִית (נ)

bacalao (m)	ʃibut	שִׁיבּוּט (ז)
caballa (f)	kolyas	קוֹלְיַס (ז)
atún (m)	'tuna	טוּנָה (נ)
anguila (f)	tslofaχ	צְלוֹפָח (ז)

trucha (f)	forel	פוֹרֶל (ז)
sardina (f)	sardin	סַרְדִּין (ז)
lucio (m)	ze'ev 'mayim	זְאֵב מַיִם (ז)
arenque (m)	ma'liaχ	מָלִיחַ (ז)

pan (m)	'leχem	לֶחֶם (ז)
queso (m)	gvina	גְּבִינָה (נ)
azúcar (m)	sukar	סוֹכָּר (ז)
sal (f)	'melaχ	מֶלַח (ז)

arroz (m)	'orez	אוֹרֶז (ז)
macarrones (m pl)	'pasta	פַּסְטָה (נ)
tallarines (m pl)	itriyot	אִטְרִיּוֹת (נ"ר)
mantequilla (f)	χem'a	חֶמְאָה (נ)
aceite (m) vegetal	'ʃemen tsimχi	שֶׁמֶן צִמְחִי (ז)

aceite (m) de girasol	'ʃemen χamaniyot	שֶׁמֶן חַמָּנִיּוֹת (ז)
margarina (f)	marga'rina	מַרְגָּרִינָה (נ)
olivas, aceitunas (f pl)	zeitim	זֵיתִים (ז״ר)
aceite (m) de oliva	'ʃemen 'zayit	שֶׁמֶן זַיִת (ז)
leche (f)	χalav	חָלָב (ז)
leche (f) condensada	χalav merukaz	חָלָב מְרוּכָּז (ז)
yogur (m)	'yogurt	יוֹגוּרט (ז)
nata (f) agria	ʃa'menet	שַׁמֶּנֶת (נ)
nata (f) líquida	ʃa'menet	שַׁמֶּנֶת (נ)
mayonesa (f)	mayonez	מָיוֹנֶז (ז)
crema (f) de mantequilla	ka'ʦefet χem'a	קַצֶּפֶת חֶמְאָה (נ)
cereales (m pl) integrales	grisim	גְּרִיסִים (ז״ר)
harina (f)	'kemaχ	קֶמַח (ז)
conservas (f pl)	ʃimurim	שִׁימּוּרִים (ז״ר)
copos (m pl) de maíz	ptitei 'tiras	פְּתִיתֵי תִּירָס (ז״ר)
miel (f)	dvaʃ	דְּבַשׁ (ז)
confitura (f)	riba	רִיבָּה (נ)
chicle (m)	'mastik	מַסְטִיק (ז)

53. Las bebidas

agua (f)	'mayim	מַיִם (ז״ר)
agua (f) potable	mei ʃtiya	מֵי שְׁתִייָה (ז״ר)
agua (f) mineral	'mayim mine'raliyim	מַיִם מִינֶרָלִיִּים (ז״ר)
sin gas	lo mugaz	לֹא מוּגָז
gaseoso (adj)	mugaz	מוּגָז
con gas	mugaz	מוּגָז
hielo (m)	'keraχ	קֶרַח (ז)
con hielo	im 'keraχ	עִם קֶרַח
sin alcohol	natul alkohol	נָטוּל אַלְכּוֹהוֹל
bebida (f) sin alcohol	maʃke kal	מַשְׁקֶה קַל (ז)
refresco (m)	maʃke mera'anen	מַשְׁקֶה מְרַעֲנֵן (ז)
limonada (f)	limo'nada	לִימוֹנָדָה (נ)
bebidas (f pl) alcohólicas	maʃka'ot χarifim	מַשְׁקָאוֹת חָרִיפִים (ז״ר)
vino (m)	'yayin	יַיִן (ז)
vino (m) blanco	'yayin lavan	יַיִן לָבָן (ז)
vino (m) tinto	'yayin adom	יַיִן אָדוֹם (ז)
licor (m)	liker	לִיקֶר (ז)
champaña (f)	ʃam'panya	שַׁמְפַּנְיָה (נ)
vermú (m)	'vermut	וֶרְמוּט (ז)
whisky (m)	'viski	וִיסְקִי (ז)

vodka (m)	'vodka	וֹודְקָה (נ)
ginebra (f)	dʒin	ג'ִ'ין (ז)
coñac (m)	'konyak	קוֹנְיָאק (ז)
ron (m)	rom	רוֹם (ז)
café (m)	kafe	קָפֶּה (ז)
café (m) solo	kafe ʃaχor	קָפֶּה שָׁחוֹר (ז)
café (m) con leche	kafe hafuχ	קָפֶּה הָפוּךְ (ז)
capuchino (m)	kapu'tʃino	קָפּוּצ'ִ'ינוֹ (ז)
café (m) soluble	kafe names	קָפֶּה נָמֵס (ז)
leche (f)	χalav	חָלָב (ז)
cóctel (m)	kokteil	קוֹקְטֵייל (ז)
batido (m)	'milkʃeik	מִילְקְשֵׁייק (ז)
zumo (m), jugo (m)	mits	מִיץ (ז)
jugo (m) de tomate	mits agvaniyot	מִיץ עַגְבָנִיוֹת (ז)
zumo (m) de naranja	mits tapuzim	מִיץ תַּפּוּזִים (ז)
zumo (m) fresco	mits saχut	מִיץ סָחוּט (ז)
cerveza (f)	'bira	בִּירָה (נ)
cerveza (f) rubia	'bira bahira	בִּירָה בָּהִירָה (נ)
cerveza (f) negra	'bira keha	בִּירָה כֵּהָה (נ)
té (m)	te	תֵּה (ז)
té (m) negro	te ʃaχor	תֵּה שָׁחוֹר (ז)
té (m) verde	te yarok	תֵּה יָרוֹק (ז)

54. Las verduras

legumbres (f pl)	yerakot	יְרָקוֹת (ז"ר)
verduras (f pl)	'yerek	יָרָק (ז)
tomate (m)	agvaniya	עַגְבָנִיָה (נ)
pepino (m)	melafefon	מְלָפְפוֹן (ז)
zanahoria (f)	'gezer	גֶּזֶר (ז)
patata (f)	ta'puaχ adama	תַּפּוּחַ אֲדָמָה (ז)
cebolla (f)	batsal	בָּצָל (ז)
ajo (m)	ʃum	שׁוּם (ז)
col (f)	kruv	כְּרוּב (ז)
coliflor (f)	kruvit	כְּרוּבִית (נ)
col (f) de Bruselas	kruv nitsanim	כְּרוּב נִצָנִים (ז)
brócoli (m)	'brokoli	בְּרוֹקוֹלִי (ז)
remolacha (f)	'selek	סֶלֶק (ז)
berenjena (f)	χatsil	חָצִיל (ז)
calabacín (m)	kiʃu	קִישׁוּא (ז)
calabaza (f)	'dlaʿat	דְּלַעַת (נ)
nabo (m)	'lefet	לֶפֶת (נ)

perejil (m)	petro'zilya	פֶּטְרוֹזִילְיָה (נ)
eneldo (m)	ʃamir	שָׁמִיר (ז)
lechuga (f)	'χasa	חַסָּה (נ)
apio (m)	'seleri	סֶלָרִי (ז)
espárrago (m)	aspa'ragos	אַסְפָּרָגוֹס (ז)
espinaca (f)	'tered	תֶּרֶד (ז)
guisante (m)	afuna	אֲפוּנָה (נ)
habas (f pl)	pol	פּוֹל (ז)
maíz (m)	'tiras	תִּירָס (ז)
fréjol (m)	ʃu'it	שְׁעוּעִית (נ)
pimiento (m) dulce	'pilpel	פִּלְפֵּל (ז)
rábano (m)	tsnonit	צְנוֹנִית (נ)
alcachofa (f)	artiʃok	אַרְטִישׁוֹק (ז)

55. Las frutas. Las nueces

fruto (m)	pri	פְּרִי (ז)
manzana (f)	ta'puaχ	תַּפּוּחַ (ז)
pera (f)	agas	אַגָּס (ז)
limón (m)	limon	לִימוֹן (ז)
naranja (f)	tapuz	תַּפּוּז (ז)
fresa (f)	tut sade	תּוּת שָׂדֶה (ז)
mandarina (f)	klemen'tina	קְלֶמֶנְטִינָה (נ)
ciruela (f)	ʃezif	שְׁזִיף (ז)
melocotón (m)	afarsek	אֲפַרְסֵק (ז)
albaricoque (m)	'miʃmeʃ	מִשְׁמֵשׁ (ז)
frambuesa (f)	'petel	פֶּטֶל (ז)
piña (f)	'ananas	אֲנָנָס (ז)
banana (f)	ba'nana	בַּנָנָה (נ)
sandía (f)	ava'tiaχ	אֲבַטִּיחַ (ז)
uva (f)	anavim	עֲנָבִים (ז"ר)
guinda (f)	duvdevan	דּוּבְדְּבָן (ז)
cereza (f)	gudgedan	גּוּדְגְּדָן (ז)
melón (m)	melon	מֶלוֹן (ז)
pomelo (m)	eʃkolit	אֶשְׁכּוֹלִית (נ)
aguacate (m)	avo'kado	אָבוֹקָדוֹ (ז)
papaya (f)	pa'paya	פַּפָּאיָה (נ)
mango (m)	'mango	מַנְגּוֹ (ז)
granada (f)	rimon	רִימוֹן (ז)
grosella (f) roja	dumdemanit aduma	דּוּמְדְּמָנִית אֲדוּמָה (נ)
grosella (f) negra	dumdemanit ʃχora	דּוּמְדְּמָנִית שְׁחוֹרָה (נ)
grosella (f) espinosa	χazarzar	חֲזַרְזַר (ז)
arándano (m)	uχmanit	אוּכְמָנִית (נ)
zarzamoras (f pl)	'petel ʃaχor	פֶּטֶל שָׁחוֹר (ז)

pasas (f pl)	tsimukim	צִימוּקִים (ז״ר)
higo (m)	te'ena	תְּאֵנָה (נ)
dátil (m)	tamar	תָּמָר (ז)

cacahuete (m)	botnim	בּוֹטְנִים (ז״ר)
almendra (f)	ʃaked	שָׁקֵד (ז)
nuez (f)	egoz 'meleχ	אֱגוֹז מֶלֶךְ (ז)
avellana (f)	egoz ilsar	אֱגוֹז אִלְסָר (ז)
nuez (f) de coco	'kokus	קוֹקוּס (ז)
pistachos (m pl)	'fistuk	פִּיסְטוּק (ז)

56. El pan. Los dulces

pasteles (m pl)	mutsrei kondi'torya	מוֹצְרֵי קוֹנְדִיטוֹרְיָה (ז״ר)
pan (m)	'leχem	לֶחֶם (ז)
galletas (f pl)	ugiya	עוּגִיָּה (נ)

chocolate (m)	'ʃokolad	שׁוֹקוֹלָד (ז)
de chocolate (adj)	mi'ʃokolad	מְשׁוֹקוֹלָד
caramelo (m)	sukariya	סוּכָּרִיָּה (נ)
tarta (f) (pequeña)	uga	עוּגָה (נ)
tarta (f) (~ de cumpleaños)	uga	עוּגָה (נ)

| tarta (f) (~ de manzana) | pai | פָּאי (ז) |
| relleno (m) | milui | מִילוּי (ז) |

confitura (f)	riba	רִיבָּה (נ)
mermelada (f)	marme'lada	מַרְמֶלָדָה (נ)
gofre (m)	'vaflim	וָפְלִים (ז״ר)
helado (m)	'glida	גְלִידָה (נ)
pudin (m)	'puding	פּוּדִינְג (ז)

57. Las especias

sal (f)	'melaχ	מֶלַח (ז)
salado (adj)	ma'luaχ	מָלוּחַ
salar (vt)	leham'liaχ	לְהַמְלִיחַ

pimienta (f) negra	'pilpel ʃaχor	פִּלְפֵּל שָׁחוֹר (ז)
pimienta (f) roja	'pilpel adom	פִּלְפֵּל אָדוֹם (ז)
mostaza (f)	χardal	חַרְדָל (ז)
rábano (m) picante	χa'zeret	חֲזֶרֶת (נ)

condimento (m)	'rotev	רוֹטֶב (ז)
especia (f)	tavlin	תַּבְלִין (ז)
salsa (f)	'rotev	רוֹטֶב (ז)
vinagre (m)	'χomets	חוֹמֶץ (ז)
anís (m)	kamnon	כַּמְנוֹן (ז)

albahaca (f)	reχan	רֵיחָן (ז)
clavo (m)	tsi'poren	צִיפּוֹרֶן (ז)
jengibre (m)	'dʒindʒer	גִ'ינגֵ'ר (ז)
cilantro (m)	'kusbara	כּוּסבָּרָה (נ)
canela (f)	kinamon	קִינָמוֹן (ז)

sésamo (m)	'ʃumʃum	שׁוּמשׁוֹם (ז)
hoja (f) de laurel	ale dafna	עֲלֵה דַפנָה (ז)
paprika (f)	'paprika	פַּפּרִיקָה (נ)
comino (m)	'kimel	קִימֶל (ז)
azafrán (m)	ze'afran	זַעֲפרָן (ז)

T&P BOOKS

LA INFORMACIÓN PERSONAL. LA FAMILIA

T&P Books Publishing

58. La información personal. Los formularios

nombre (m)	ʃem	שֵׁם (ז)
apellido (m)	ʃem miʃpaχa	שֵׁם מִשְׁפָּחָה (ז)
fecha (f) de nacimiento	ta'ariχ leda	תַּאֲרִיךְ לֵידָה (ז)
lugar (m) de nacimiento	mekom leda	מְקוֹם לֵידָה (ז)
nacionalidad (f)	le'om	לְאוֹם (ז)
domicilio (m)	mekom megurim	מְקוֹם מְגוּרִים (ז)
país (m)	medina	מְדִינָה (נ)
profesión (f)	mik'tso'a	מִקְצוֹעַ (ז)
sexo (m)	min	מִין (ז)
estatura (f)	'gova	גּוֹבַהּ (ז)
peso (m)	miʃkal	מִשְׁקָל (ז)

59. Los familiares. Los parientes

madre (f)	em	אֵם (נ)
padre (m)	av	אָב (ז)
hijo (m)	ben	בֵּן (ז)
hija (f)	bat	בַּת (נ)
hija (f) menor	habat haktana	הַבַּת הַקְּטַנָּה (נ)
hijo (m) menor	haben hakatan	הַבֵּן הַקָּטָן (ז)
hija (f) mayor	habat habχora	הַבַּת הַבְּכוֹרָה (נ)
hijo (m) mayor	haben habχor	הַבֵּן הַבְּכוֹר (ז)
hermano (m)	aχ	אָח (ז)
hermano (m) mayor	aχ gadol	אָח גָּדוֹל (ז)
hermano (m) menor	aχ katan	אָח קָטָן (ז)
hermana (f)	aχot	אָחוֹת (נ)
hermana (f) mayor	aχot gdola	אָחוֹת גדוֹלָה (נ)
hermana (f) menor	aχot ktana	אָחוֹת קְטַנָּה (נ)
primo (m)	ben dod	בֵּן דּוֹד (ז)
prima (f)	bat 'doda	בַּת דּוֹדָה (נ)
mamá (f)	'ima	אִמָּא (נ)
papá (m)	'aba	אַבָּא (ז)
padres (pl)	horim	הוֹרִים (ז"ר)
niño -a (m, f)	'yeled	יֶלֶד (ז)
niños (pl)	yeladim	יְלָדִים (ז"ר)
abuela (f)	'savta	סָבְתָּא (נ)
abuelo (m)	'saba	סָבָּא (ז)

nieto (m)	'neχed	נֶכֶד (ז)
nieta (f)	neχda	נֶכְדָּה (נ)
nietos (pl)	neχadim	נְכָדִים (ז"ר)

tío (m)	dod	דּוֹד (ז)
tía (f)	'doda	דּוֹדָה (נ)
sobrino (m)	aχyan	אַחְיָין (ז)
sobrina (f)	aχyanit	אַחְיָינִית (נ)

suegra (f)	χamot	חָמוֹת (נ)
suegro (m)	χam	חָם (ז)
yerno (m)	χatan	חָתָן (ז)
madrastra (f)	em χoreget	אֵם חוֹרֶגֶת (נ)
padrastro (m)	av χoreg	אָב חוֹרֵג (ז)

niño (m) de pecho	tinok	תִּינוֹק (ז)
bebé (m)	tinok	תִּינוֹק (ז)
chico (m)	pa'ot	פָּעוֹט (ז)

mujer (f)	iʃa	אִשָּׁה (נ)
marido (m)	'ba'al	בַּעַל (ז)
esposo (m)	ben zug	בֶּן זוּג (ז)
esposa (f)	bat zug	בַּת זוּג (נ)

casado (adj)	nasui	נָשׂוּי
casada (adj)	nesu'a	נְשׂוּאָה
soltero (adj)	ravak	רַוָּק
soltero (m)	ravak	רַוָּק (ז)
divorciado (adj)	garuʃ	גָּרוּש
viuda (f)	almana	אַלְמָנָה (נ)
viudo (m)	alman	אַלְמָן (ז)

pariente (m)	karov miʃpaχa	קָרוֹב מִשְׁפָּחָה (ז)
pariente (m) cercano	karov miʃpaχa	קָרוֹב מִשְׁפָּחָה (ז)
pariente (m) lejano	karov raχok	קָרוֹב רָחוֹק (ז)
parientes (pl)	krovei miʃpaχa	קְרוֹבֵי מִשְׁפָּחָה (ז"ר)

huérfano (m)	yatom	יָתוֹם (ז)
huérfana (f)	yetoma	יְתוֹמָה (נ)
tutor (m)	apo'tropos	אַפּוֹטְרוֹפּוֹס (ז)
adoptar (un niño)	le'amets	לְאַמֵּץ
adoptar (una niña)	le'amets	לְאַמֵּץ

60. Los amigos. Los compañeros del trabajo

amigo (m)	χaver	חָבֵר (ז)
amiga (f)	χavera	חֲבֵרָה (נ)
amistad (f)	yedidut	יְדִידוּת (נ)
ser amigo	lihyot yadidim	לִהְיוֹת יָדִידִים
amigote (m)	χaver	חָבֵר (ז)

amiguete (f)	χavera	חֲבֵרָה (נ)
compañero (m)	ʃutaf	שׁוּתָף (ז)
jefe (m)	menahel, roʃ	מְנָהֵל (ז), רֹאשׁ (ז)
superior (m)	memune	מְמוּנֶה (ז)
propietario (m)	beʻalim	בְּעָלִים (ז)
subordinado (m)	kafuf le	כָּפוּף ל (ז)
colega (m, f)	amit	עָמִית (ז)
conocido (m)	makar	מַכָּר (ז)
compañero (m) de viaje	ben levaya	בֶּן לְוָיָה (ז)
condiscípulo (m)	χaver lekita	חָבֵר לְכִּיתָה (ז)
vecino (m)	ʃaχen	שָׁכֵן (ז)
vecina (f)	ʃχena	שְׁכֵנָה (נ)
vecinos (pl)	ʃχenim	שְׁכֵנִים (ז״ר)

T&P BOOKS

EL CUERPO. LA MEDICINA

T&P Books Publishing

cabeza (f)	roʃ	רֹאשׁ (ז)
cara (f)	panim	פָּנִים (ז״ר)
nariz (f)	af	אַף (ז)
boca (f)	pe	פֶּה (ז)

ojo (m)	'ayin	עַיִן (נ)
ojos (m pl)	ei'nayim	עֵינַיִם (נ״ר)
pupila (f)	iʃon	אִישׁוֹן (ז)
ceja (f)	gaba	גַּבָּה (נ)
pestaña (f)	ris	רִיס (ז)
párpado (m)	af'af	עַפְעַף (ז)

lengua (f)	laʃon	לָשׁוֹן (נ)
diente (m)	ʃen	שֵׁן (נ)
labios (m pl)	sfa'tayim	שְׂפָתַיִם (נ״ר)
pómulos (m pl)	atsamot leχa'yayim	עַצְמוֹת לְחָיַיִם (נ״ר)
encía (f)	χani'χayim	חֲנִיכַיִם (ז״ר)
paladar (m)	χeχ	חֵךְ (ז)

ventanas (f pl)	neχi'rayim	נְחִירַיִם (ז״ר)
mentón (m)	santer	סַנְטֵר (ז)
mandíbula (f)	'leset	לֶסֶת (נ)
mejilla (f)	'leχi	לֶחִי (נ)

frente (f)	'metsaχ	מֵצַח (ז)
sien (f)	raka	רַקָּה (נ)
oreja (f)	'ozen	אֹזֶן (נ)
nuca (f)	'oref	עֹרֶף (ז)
cuello (m)	tsavar	צַוָּאר (ז)
garganta (f)	garon	גָּרוֹן (ז)

pelo, cabello (m)	se'ar	שֵׂעָר (ז)
peinado (m)	tis'roket	תִּסְרֹקֶת (נ)
corte (m) de pelo	tis'poret	תִּסְפֹּרֶת (נ)
peluca (f)	pe'a	פֵּאָה (נ)

bigote (m)	safam	שָׂפָם (ז)
barba (f)	zakan	זָקָן (ז)
tener (~ la barba)	legadel	לְגַדֵּל
trenza (f)	tsama	צַמָּה (נ)
patillas (f pl)	pe'ot leχa'yayim	פֵּאוֹת לְחָיַיִם (נ״ר)

| pelirrojo (adj) | 'dʒindʒi | גִ׳ינְגִ׳י |
| gris, canoso (adj) | kasuf | כָּסוּף |

| calvo (adj) | ke'reax | קֵירֵחַ |
| calva (f) | ka'raxat | קָרַחַת (נ) |

| cola (f) de caballo | 'kuku | קוּקוּ (ז) |
| flequillo (m) | 'poni | פּוֹנִי (ז) |

62. El cuerpo

| mano (f) | kaf yad | כַּף יָד (נ) |
| brazo (m) | yad | יָד (נ) |

dedo (m)	'etsba	אֶצְבַּע (נ)
dedo (m) del pie	'bohen	בּוֹהֶן (נ)
dedo (m) pulgar	agudal	אֲגוּדָל (ז)
dedo (m) meñique	'zeret	זֶרֶת (נ)
uña (f)	tsi'poren	צִיפּוֹרֶן (ז)

puño (m)	egrof	אֶגְרוֹף (ז)
palma (f)	kaf yad	כַּף יָד (נ)
muñeca (f)	'joreʃ kaf hayad	שׁוֹרֶשׁ כַּף הַיָד (ז)
antebrazo (m)	ama	אַמָה (ז)
codo (m)	marpek	מַרְפֵּק (ז)
hombro (m)	katef	כָּתֵף (נ)

pierna (f)	'regel	רֶגֶל (נ)
planta (f)	kaf 'regel	כַּף רֶגֶל (נ)
rodilla (f)	'berex	בֶּרֶךְ (נ)
pantorrilla (f)	ʃok	שׁוֹק (ז)

| cadera (f) | yarex | יָרֵךְ (ז) |
| talón (m) | akev | עָקֵב (ז) |

cuerpo (m)	guf	גוּף (ז)
vientre (m)	'beten	בֶּטֶן (נ)
pecho (m)	xaze	חָזֶה (ז)
seno (m)	ʃad	שַׁד (ז)
lado (m), costado (m)	tsad	צַד (ז)
espalda (f)	gav	גַב (ז)

| zona (f) lumbar | mot'nayim | מוֹתְנַיִים (ז"ר) |
| cintura (f), talle (m) | 'talya | טַלְיָה (נ) |

ombligo (m)	tabur	טַבּוּר (ז)
nalgas (f pl)	axo'rayim	אֲחוֹרַיִים (ז"ר)
trasero (m)	yaʃvan	יַשְׁבָן (ז)

lunar (m)	nekudat xen	נְקוּדַת חֵן (נ)
marca (f) de nacimiento	'ketem leida	כֶּתֶם לֵידָה (ז)
tatuaje (m)	kaʕa'kuʕa	קַעֲקוּעַ (ז)
cicatriz (f)	tsa'leket	צַלֶקֶת (נ)

63. Las enfermedades

enfermedad (f)	maχala	מַחֲלָה (נ)
estar enfermo	lihyot χole	לִהְיוֹת חוֹלֶה
salud (f)	bri'ut	בְּרִיאוּת (נ)
resfriado (m) (coriza)	na'zelet	נַזֶּלֶת (נ)
angina (f)	da'leket ʃkedim	דַלֶּקֶת שְׁקֵדִים (נ)
resfriado (m)	hitstanenut	הִצְטַנְּנוּת (נ)
resfriarse (vr)	lehitstanen	לְהִצְטַנֵּן
bronquitis (f)	bron'χitis	בְּרוֹנְכִיטִיס (ז)
pulmonía (f)	da'leket re'ot	דַלֶּקֶת רֵיאוֹת (נ)
gripe (f)	ʃa'pa'at	שַׁפַּעַת (נ)
miope (adj)	ktsar re'iya	קְצַר רְאִיָּה
présbita (adj)	reχok re'iya	רְחוֹק־רְאִיָּה
estrabismo (m)	pzila	פְּזִילָה (נ)
estrábico (m) (adj)	pozel	פּוֹזֵל
catarata (f)	katarakt	קָטָרַקְט (ז)
glaucoma (m)	gla'u'koma	גְלָאוּקוֹמָה (נ)
insulto (m)	ʃavats moχi	שָׁבָץ מוֹחִי (ז)
ataque (m) cardiaco	hetkef lev	הֶתְקֵף לֵב (ז)
infarto (m) de miocardio	'otem ʃrir halev	אוֹטֶם שְׁרִיר הַלֵּב (ז)
parálisis (f)	ʃituk	שִׁיתוּק (ז)
paralizar (vt)	leʃatek	לְשַׁתֵּק
alergia (f)	a'lergya	אַלֶּרְגְיָה (נ)
asma (f)	'astma, ka'tseret	אַסְתְמָה, קַצֶּרֶת (נ)
diabetes (f)	su'keret	סוּכֶּרֶת (נ)
dolor (m) de muelas	ke'ev ʃi'nayim	כְּאֵב שִׁנַּיִים (ז)
caries (f)	a'ʃeʃet	עֲשֶׁשֶׁת (נ)
diarrea (f)	ʃilʃul	שִׁלְשׁוּל (ז)
estreñimiento (m)	atsirut	עֲצִירוּת (נ)
molestia (f) estomacal	kilkul keiva	קִלְקוּל קֵיבָה (ז)
envenenamiento (m)	har'alat mazon	הַרְעָלַת מָזוֹן (נ)
envenenarse (vr)	laχatof har'alat mazon	לַחֲטוֹף הַרְעָלַת מָזוֹן
artritis (f)	da'leket mifrakim	דַלֶּקֶת מִפְרָקִים (נ)
raquitismo (m)	ra'keχet	רַכֶּכֶת (נ)
reumatismo (m)	ʃigaron	שִׁיגָּרוֹן (ז)
ateroesclerosis (f)	ar'teryo skle'rosis	אַרְטֶרְיוֹ־סְקְלֶרוֹסִיס (ז)
gastritis (f)	da'leket keiva	דַלֶּקֶת קֵיבָה (נ)
apendicitis (f)	da'leket toseftan	דַלֶּקֶת תוֹסֶפְתָן (נ)
colecistitis (f)	da'leket kis hamara	דַלֶּקֶת כִּיס הַמָּרָה (נ)
úlcera (f)	'ulkus, kiv	אוּלְקוּס, כִּיב (ז)
sarampión (m)	χa'tsevet	חַצֶּבֶת (נ)

rubeola (f)	a'demet	אֲדֶמֶת (נ)
ictericia (f)	tsa'hevet	צַהֶבֶת (נ)
hepatitis (f)	da'leket kaved	דַּלֶּקֶת כָּבֵד (נ)
esquizofrenia (f)	sχizo'frenya	סְכִיזוֹפְרֶנְיָה (נ)
rabia (f) (hidrofobia)	ka'levet	כַּלֶּבֶת (נ)
neurosis (f)	noi'roza	נוֹירוֹזָה (נ)
conmoción (f) cerebral	za'a'zu'a 'moaχ	זַעֲזוּעַ מוֹחַ (ז)
cáncer (m)	sartan	סַרְטָן (ז)
esclerosis (f)	ta'refet	טָרֶשֶׁת (נ)
esclerosis (m) múltiple	ta'refet nefotsa	טָרֶשֶׁת נְפוֹצָה (נ)
alcoholismo (m)	alkoholizm	אַלְכּוֹהוֹלִיזם (ז)
alcohólico (m)	alkoholist	אַלְכּוֹהוֹלִיסט (ז)
sífilis (f)	a'gevet	עַגֶּבֶת (נ)
SIDA (m)	eids	אֵיידס (ז)
tumor (m)	gidul	גִּידוּל (ז)
maligno (adj)	mam'ir	מַמְאִיר
benigno (adj)	ʃapir	שָׁפִיר
fiebre (f)	ka'daχat	קַדַּחַת (נ)
malaria (f)	ma'larya	מָלַרְיָה (נ)
gangrena (f)	gan'grena	גַּנגְרֶנָה (נ)
mareo (m)	maχalat yam	מַחֲלַת יָם (נ)
epilepsia (f)	maχalat hanefila	מַחֲלַת הַנְפִילָה (נ)
epidemia (f)	magefa	מַגֵּיפָה (נ)
tifus (m)	'tifus	טִיפוּס (ז)
tuberculosis (f)	ʃa'χefet	שַׁחֶפֶת (נ)
cólera (f)	ko'lera	כּוֹלֵרָה (נ)
peste (f)	davar	דֶּבֶר (ז)

64. Los síntomas. Los tratamientos. Unidad 1

síntoma (m)	simptom	סִימפְּטוֹם (ז)
temperatura (f)	χom	חוֹם (ז)
fiebre (f)	χom ga'voha	חוֹם גָּבוֹהַ (ז)
pulso (m)	'dofek	דּוֹפֶק (ז)
mareo (m) (vértigo)	sχar'χoret	סְחַרְחוֹרֶת (נ)
caliente (adj)	χam	חַם
escalofrío (m)	tsmar'moret	צְמַרְמוֹרֶת (נ)
pálido (adj)	χiver	חִיווֵר
tos (f)	ʃi'ul	שִׁיעוּל (ז)
toser (vi)	lehiʃta'el	לְהִשְׁתַּעֵל
estornudar (vi)	lehit'ateʃ	לְהִתְעַטֵּשׁ
desmayo (m)	ilafon	עִילָפוֹן (ז)

desmayarse (vr)	lehit'alef	לְהִתעַלֵף
moradura (f)	xabura	חַבּוּרָה (נ)
chichón (m)	blita	בּלִיטָה (נ)
golpearse (vr)	lekabel maka	לְקַבֵּל מַכָּה
magulladura (f)	maka	מַכָּה (נ)
magullarse (vr)	lekabel maka	לְקַבֵּל מַכָּה

cojear (vi)	lits'lo'a	לִצלוֹעַ
dislocación (f)	'neka	נֶקַע (ז)
dislocar (vt)	lin'ko'a	לִנקוֹעַ
fractura (f)	'fever	שֶׁבֶר (ז)
tener una fractura	lifbor	לִשבּוֹר

corte (m) (tajo)	xatax	חָתָך (ז)
cortarse (vr)	lehixatex	לְהֵיחָתֵך
hemorragia (f)	dimum	דִימוּם (ז)

| quemadura (f) | kviya | כּוֹויָה (נ) |
| quemarse (vr) | laxatof kviya | לַחֲטוֹף כּוֹויָה |

pincharse (~ el dedo)	lidkor	לִדקוֹר
pincharse (vr)	lehidaker	לְהִידָקֵר
herir (vt)	lif'tso'a	לִפצוֹעַ
herida (f)	ptsi'a	פּצִיעָה (נ)
lesión (f) (herida)	'petsa	פֶּצַע (ז)
trauma (m)	'tra'uma	טרָאוּמָה (נ)

delirar (vi)	lahazot	לַהֲזוֹת
tartamudear (vi)	legamgem	לְגַמגֵם
insolación (f)	makat 'femef	מַכַּת שֶׁמֶש (נ)

65. Los síntomas. Los tratamientos. Unidad 2

| dolor (m) | ke'ev | כְּאֵב (ז) |
| astilla (f) | kots | קוֹץ (ז) |

sudor (m)	ze'a	זֵיעָה (נ)
sudar (vi)	leha'zi'a	לְהַזִיעַ
vómito (m)	haka'a	הֲקָאָה (נ)
convulsiones (f pl)	pirkusim	פִּירכּוּסִים (ז"ר)

embarazada (adj)	hara	הָרָה
nacer (vi)	lehivaled	לְהִיוָולֵד
parto (m)	leda	לֵידָה (נ)
dar a luz	la'ledet	לָלֶדֶת
aborto (m)	hapala	הַפָּלָה (נ)

respiración (f)	nefima	נְשִׁימָה (נ)
inspiración (f)	fe'ifa	שְׁאִיפָה (נ)
espiración (f)	nefifa	נְשִׁיפָה (נ)

| espirar (vi) | linʃof | לִנְשׁוֹף |
| inspirar (vi) | liʃʼof | לִשְׁאוֹף |

inválido (m)	naxe	נָכֶה (ז)
mutilado (m)	naxe	נָכֶה (ז)
drogadicto (m)	narkoman	נַרְקוֹמָן (ז)

sordo (adj)	xereʃ	חֵירֵשׁ
mudo (adj)	ilem	אִילֵם
sordomudo (adj)	xereʃ-ilem	חֵירֵשׁ־אִילֵם

loco (adj)	meʃuga	מְשׁוּגָע
loco (m)	meʃuga	מְשׁוּגָע (ז)
loca (f)	meʃuʼgaʼat	מְשׁוּגַעַת (נ)
volverse loco	lehiʃtaʼgeʻa	לְהִשְׁתַּגֵּעַ

gen (m)	gen	גֵּן (ז)
inmunidad (f)	xasinut	חֲסִינוּת (נ)
hereditario (adj)	toraʃti	תוֹרַשְׁתִּי
de nacimiento (adj)	mulad	מוּלָד

virus (m)	ʼvirus	וִירוּס (ז)
microbio (m)	xaidak	חַיְידָק (ז)
bacteria (f)	bakʼterya	בַּקְטֶרְיָה (נ)
infección (f)	zihum	זִיהוּם (ז)

66. Los síntomas. Los tratamientos. Unidad 3

| hospital (m) | beit xolim | בֵּית חוֹלִים (ז) |
| paciente (m) | metupal | מְטוּפָּל (ז) |

diagnosis (f)	avxana	אַבחָנָה (נ)
cura (f)	ripui	רִיפּוּי (ז)
tratamiento (m)	tipul refuʼi	טִיפּוּל רְפוּאִי (ז)
curarse (vr)	lekabel tipul	לְקַבֵּל טִיפּוּל
tratar (vt)	letapel be…	לְטַפֵּל בְּ…
cuidar (a un enfermo)	letapel be…	לְטַפֵּל בְּ…
cuidados (m pl)	tipul	טִיפּוּל (ז)

operación (f)	niʼtuax	נִיתוּח (ז)
vendar (vt)	laxboʃ	לַחבּוֹשׁ
vendaje (m)	xaviʃa	חֲבִישָׁה (נ)

vacunación (f)	xisun	חִיסוּן (ז)
vacunar (vt)	lexasen	לְחַסֵּן
inyección (f)	zrika	זְרִיקָה (נ)
aplicar una inyección	lehazrik	לְהַזרִיק

| ataque (m) | hetkef | הֶתקֵף (ז) |
| amputación (f) | ktiʻa | קְטִיעָה (נ) |

amputar (vt)	lik'to‘a	לִקְטוֹעַ
coma (m)	tar'demet	תַּרְדֶּמֶת (נ)
estar en coma	lihyot betar'demet	לִהְיוֹת בְּתַרְדֶּמֶת
revitalización (f)	tipul nimrats	טִיפּוּל נִמְרָץ (ז)

recuperarse (vr)	lehaχlim	לְהַחְלִים
estado (m) (de salud)	matsav	מַצָּב (ז)
consciencia (f)	hakara	הַכָּרָה (נ)
memoria (f)	zikaron	זִיכָּרוֹן (ז)

extraer (un diente)	la‘akor	לַעֲקוֹר
empaste (m)	stima	סְתִימָה (נ)
empastar (vt)	la‘asot stima	לַעֲשׂוֹת סְתִימָה

| hipnosis (f) | hip'noza | הִיפְּנוֹזָה (נ) |
| hipnotizar (vt) | lehapnet | לְהַפְנֵט |

67. La medicina. Las drogas. Los accesorios

medicamento (m), droga (f)	trufa	תְּרוּפָה (נ)
remedio (m)	trufa	תְּרוּפָה (נ)
prescribir (vt)	lirʃom	לִרְשׁוֹם
receta (f)	mirʃam	מִרְשָׁם (ז)

tableta (f)	kadur	כַּדּוּר (ז)
ungüento (m)	miʃχa	מִשְׁחָה (נ)
ampolla (f)	'ampula	אַמְפּוּלָה (נ)
mixtura (f), mezcla (f)	ta‘a'rovet	תַּעֲרוֹבֶת (נ)
sirope (m)	sirop	סִירוֹפּ (ז)
píldora (f)	gluya	גְלוּיָה (נ)
polvo (m)	avka	אַבְקָה (נ)

venda (f)	taχ'boʃet 'gaza	תַּחְבּוֹשֶׁת גָּאזָה (נ)
algodón (m) (discos de ~)	'tsemer 'gefen	צֶמֶר גֶּפֶן (ז)
yodo (m)	yod	יוֹד (ז)

| tirita (f), curita (f) | 'plaster | פְּלַסְטֶר (ז) |
| pipeta (f) | taf'tefet | טַפְטֶפֶת (נ) |

| termómetro (m) | madχom | מַדְחוֹם (ז) |
| jeringa (f) | mazrek | מַזְרֵק (ז) |

| silla (f) de ruedas | kise galgalim | כִּיסֵא גַּלְגַּלִּים (ז) |
| muletas (f pl) | ka'bayim | קַבַּיִים (ז"ר) |

anestésico (m)	meʃakeχ ke'evim	מְשַׁכֵּךְ כְּאֵבִים (ז)
purgante (m)	trufa meʃal'ʃelet	תְּרוּפָה מְשַׁלְשֶׁלֶת (נ)
alcohol (m)	'kohal	כּוֹהַל (ז)
hierba (f) medicinal	isvei marpe	עִשְׂבֵּי מַרְפֵּא (ז"ר)
de hierbas (té ~)	ʃel asavim	שֶׁל עֲשָׂבִים

T&P BOOKS

EL APARTAMENTO

T&P Books Publishing

68. El apartamento

apartamento (m)	dira	דִּירָה (נ)
habitación (f)	'χeder	חֶדֶר (ז)
dormitorio (m)	χadar ʃena	חֲדַר שֵׁינָה (ז)
comedor (m)	pinat 'oχel	פִּינַת אוֹכֶל (נ)
salón (m)	salon	סָלוֹן (ז)
despacho (m)	χadar avoda	חֲדַר עֲבוֹדָה (ז)
antecámara (f)	prozdor	פְּרוֹזְדּוֹר (ז)
cuarto (m) de baño	χadar am'batya	חֲדַר אַמְבַּטְיָה (ז)
servicio (m)	ʃerutim	שֵׁירוּתִים (ז"ר)
techo (m)	tikra	תִּקְרָה (נ)
suelo (m)	ritspa	רִצְפָּה (נ)
rincón (m)	pina	פִּינָה (נ)

69. Los muebles. El interior

muebles (m pl)	rehitim	רָהִיטִים (ז"ר)
mesa (f)	ʃulχan	שׁוּלְחָן (ז)
silla (f)	kise	כִּסֵּא (ז)
cama (f)	mita	מִיטָה (נ)
sofá (m)	sapa	סַפָּה (נ)
sillón (m)	kursa	כּוּרְסָה (נ)
librería (f)	aron sfarim	אָרוֹן סְפָרִים (ז)
estante (m)	madaf	מַדָּף (ז)
armario (m)	aron bgadim	אָרוֹן בְּגָדִים (ז)
percha (f)	mitle	מִתְלֶה (ז)
perchero (m) de pie	mitle	מִתְלֶה (ז)
cómoda (f)	ʃida	שִׁידָה (נ)
mesa (f) de café	ʃulχan itonim	שׁוּלְחַן עִיתּוֹנִים (ז)
espejo (m)	mar'a	מַרְאָה (נ)
tapiz (m)	ʃa'tiaχ	שָׁטִיחַ (ז)
alfombra (f)	ʃa'tiaχ	שָׁטִיחַ (ז)
chimenea (f)	aχ	אָח (נ)
vela (f)	ner	נֵר (ז)
candelero (m)	pamot	פָּמוֹט (ז)
cortinas (f pl)	vilonot	וִילוֹנוֹת (ז"ר)

| empapelado (m) | tapet | טַפֶּט (ז) |
| estor (m) de láminas | trisim | תְּרִיסִים (ז״ר) |

lámpara (f) de mesa	menorat ʃulχan	מְנוֹרַת שׁוּלְחָן (נ)
aplique (m)	menorat kir	מְנוֹרַת קִיר (נ)
lámpara (f) de pie	menora o'medet	מְנוֹרָה עוֹמֶדֶת (נ)
lámpara (f) de araña	niv'reʃet	נִבְרֶשֶׁת (נ)

pata (f) (~ de la mesa)	'regel	רֶגֶל (נ)
brazo (m)	miʃ''enet yad	מִשְׁעֶנֶת יָד (נ)
espaldar (m)	miʃ''enet	מִשְׁעֶנֶת (נ)
cajón (m)	megera	מְגֵירָה (נ)

70. Los accesorios de cama

ropa (f) de cama	matsa'im	מַצָּעִים (ז״ר)
almohada (f)	karit	כָּרִית (נ)
funda (f)	tsipit	צִיפִּית (נ)
manta (f)	smiχa	שְׂמִיכָה (נ)
sábana (f)	sadin	סָדִין (ז)
sobrecama (f)	kisui mita	כִּיסוּי מִיטָה (ז)

71. La cocina

cocina (f)	mitbaχ	מִטְבָּח (ז)
gas (m)	gaz	גָּז (ז)
cocina (f) de gas	tanur gaz	תַּנּוּר גָּז (ז)
cocina (f) eléctrica	tanur χaʃmali	תַּנּוּר חַשְׁמַלִי (ז)
horno (m)	tanur afiya	תַּנּוּר אֲפִיָּיה (ז)
horno (m) microondas	mikrogal	מִיקְרוֹגַל (ז)

frigorífico (m)	mekarer	מְקָרֵר (ז)
congelador (m)	makpi	מַקְפִּיא (ז)
lavavajillas (m)	me'diaχ kelim	מֵדִיחַ כֵּלִים (ז)

picadora (f) de carne	matχenat basar	מַטְחֲנַת בָּשָׂר (נ)
exprimidor (m)	masχeta	מַסְחֵטָה (נ)
tostador (m)	'toster	טוֹסְטֶר (ז)
batidora (f)	'mikser	מִיקְסֶר (ז)

cafetera (f) (aparato de cocina)	meχonat kafe	מְכוֹנַת קָפֶה (נ)
cafetera (f) (para servir)	findʒan	פִינְגַ׳אן (ז)
molinillo (m) de café	matχenat kafe	מַטְחֲנַת קָפֶה (נ)

hervidor (m) de agua	kumkum	קוּמְקוּם (ז)
tetera (f)	kumkum	קוּמְקוּם (ז)
tapa (f)	miχse	מִכְסֶה (ז)

colador (m) de té	mis'nenet te	מַסְנֶנֶת תֵה (נ)
cuchara (f)	kaf	כַּף (נ)
cucharilla (f)	kapit	כַּפִּית (נ)
cuchara (f) de sopa	kaf	כַּף (נ)
tenedor (m)	mazleg	מַזְלֵג (ז)
cuchillo (m)	sakin	סַכִּין (ז, נ)

vajilla (f)	kelim	כֵּלִים (ז"ר)
plato (m)	tsa'laxat	צַלַּחַת (נ)
platillo (m)	taxtit	תַּחְתִּית (נ)

vaso (m) de chupito	kosit	כּוֹסִית (נ)
vaso (m) (~ de agua)	kos	כּוֹס (נ)
taza (f)	'sefel	סֵפֶל (ז)

azucarera (f)	mis'keret	מִסְכֶּרֶת (נ)
salero (m)	milxiya	מְלְחִיָּה (נ)
pimentero (m)	pilpeliya	פִּלְפְּלִיָּה (נ)
mantequera (f)	maxame'a	מַחְמָאָה (נ)

cacerola (f)	sir	סִיר (ז)
sartén (f)	maxvat	מַחְבַת (נ)
cucharón (m)	tarvad	תַּרְוָד (ז)
colador (m)	mis'nenet	מַסְנֶנֶת (נ)
bandeja (f)	magaʃ	מַגָּשׁ (ז)

botella (f)	bakbuk	בַּקְבּוּק (ז)
tarro (m) de vidrio	tsin'tsenet	צִנְצֶנֶת (נ)
lata (f)	paxit	פַּחִית (נ)

abrebotellas (m)	potxan bakbukim	פּוֹתְחָן בַּקְבּוּקִים (ז)
abrelatas (m)	potxan kufsa'ot	פּוֹתְחָן קוּפְסָאוֹת (ז)
sacacorchos (m)	maxlets	מַחְלֵץ (ז)
filtro (m)	'filter	פִילְטֶר (ז)
filtrar (vt)	lesanen	לְסַנֵן

| basura (f) | 'zevel | זֶבֶל (ז) |
| cubo (m) de basura | pax 'zevel | פַּח זֶבֶל (ז) |

72. El baño

cuarto (m) de baño	xadar am'batya	חֲדָר אַמְבַּטְיָה (ז)
agua (f)	'mayim	מַיִם (ז"ר)
grifo (m)	'berez	בֶּרֶז (ז)
agua (f) caliente	'mayim xamim	מַיִם חַמִּים (ז"ר)
agua (f) fría	'mayim karim	מַיִם קָרִים (ז"ר)

pasta (f) de dientes	mifxat ʃi'nayim	מִשְׁחַת שִׁנַּיִים (נ)
limpiarse los dientes	letsax'tseax ʃi'nayim	לְצַחְצֵחַ שִׁנַּיִים
cepillo (m) de dientes	miv'reʃet ʃi'nayim	מִבְרֶשֶׁת שִׁנַּיִים (נ)

afeitarse (vr)	lehitga'leaχ	לְהִתְגַּלֵּם
espuma (f) de afeitar	'ketsef gi'luaχ	קֶצֶף גִּילוּם (ז)
maquinilla (f) de afeitar	'ta'ar	תַּעַר (ז)
lavar (vt)	liʃtof	לִשְׁטוֹף
darse un baño	lehitraχets	לְהִתְרַחֵץ
ducha (f)	mik'laχat	מִקְלַחַת (נ)
darse una ducha	lehitka'leaχ	לְהִתְקַלֵּם
bañera (f)	am'batya	אַמְבַּטְיָה (נ)
inodoro (m)	asla	אַסְלָה (נ)
lavabo (m)	kiyor	כִּיּוֹר (ז)
jabón (m)	sabon	סַבּוֹן (ז)
jabonera (f)	saboniya	סַבּוֹנִיָּה (נ)
esponja (f)	sfog 'lifa	סְפוֹג לִיפָה (ז)
champú (m)	ʃampu	שַׁמְפּוּ (ז)
toalla (f)	ma'gevet	מַגֶּבֶת (נ)
bata (f) de baño	χaluk raχatsa	חָלוּק רַחְצָה (ז)
colada (f), lavado (m)	kvisa	כְּבִיסָה (נ)
lavadora (f)	meχonat kvisa	מְכוֹנַת כְּבִיסָה (נ)
lavar la ropa	leχabes	לְכַבֵּס
detergente (m) en polvo	avkat kvisa	אַבְקַת כְּבִיסָה (נ)

73. Los aparatos domésticos

televisor (m)	tele'vizya	טֶלֶוִויזְיָה (נ)
magnetófono (m)	teip	טֵייפּ (ז)
vídeo (m)	maχʃir 'vide'o	מַכְשִׁיר וִידֵאוֹ (ז)
radio (m)	'radyo	רַדְיוֹ (ז)
reproductor (m) (~ MP3)	nagan	נַגָּן (ז)
proyector (m) de vídeo	makren	מַקְרֵן (ז)
sistema (m) home cinema	kol'no'a beiti	קוֹלְנוֹעַ בֵּיתִי (ז)
reproductor (m) de DVD	nagan dividi	נַגָּן DVD (ז)
amplificador (m)	magber	מַגְבֵּר (ז)
videoconsola (f)	maχʃir plei'steiʃen	מַכְשִׁיר פְּלֵייסְטֵיישֶׁן (ז)
cámara (f) de vídeo	matslemat 'vide'o	מַצְלֵמַת וִידֵאוֹ (נ)
cámara (f) fotográfica	matslema	מַצְלֵמָה (נ)
cámara (f) digital	matslema digi'talit	מַצְלֵמָה דִּיגִיטָלִית (נ)
aspirador (m), aspiradora (f)	ʃo'ev avak	שׁוֹאֵב אָבָק (ז)
plancha (f)	maghets	מַגְהֵץ (ז)
tabla (f) de planchar	'kereʃ gihuts	קֶרֶשׁ גִּיהוּץ (ז)
teléfono (m)	'telefon	טֶלֶפוֹן (ז)
teléfono (m) móvil	'telefon nayad	טֶלֶפוֹן נַיָּיד (ז)

máquina (f) de escribir	meχonat ktiva	מְכוֹנַת כְּתִיבָה (נ)
máquina (f) de coser	meχonat tfira	מְכוֹנַת תְפִירָה (נ)
micrófono (m)	mikrofon	מִיקרוֹפוֹן (ז)
auriculares (m pl)	ozniyot	אוֹזנִיוֹת (נ"ר)
mando (m) a distancia	ʃelet	שֶלֶט (ז)
CD (m)	taklitor	תַקלִיטוֹר (ז)
casete (m)	ka'letet	קַלֶטֶת (נ)
disco (m) de vinilo	taklit	תַקלִיט (ז)

LA TIERRA. EL TIEMPO

T&P Books Publishing

74. El espacio

cosmos (m)	χalal	חָלָל (ז)
espacial, cósmico (adj)	ʃel χalal	שֶׁל חָלָל
espacio (m) cósmico	χalal χitson	חָלָל חִיצוֹן (ז)
mundo (m)	olam	עוֹלָם (ז)
universo (m)	yekum	יְקוּם (ז)
galaxia (f)	ga'laksya	גָּלַקְסִיָה (נ)
estrella (f)	koχav	כּוֹכָב (ז)
constelación (f)	tsvir koχavim	צְבִיר כּוֹכָבִים (ז)
planeta (m)	koχav 'leχet	כּוֹכָב לֶכֶת (ז)
satélite (m)	lavyan	לַוְיָן (ז)
meteorito (m)	mete'orit	מֶטֶאוֹרִיט (ז)
cometa (m)	koχav ʃavit	כּוֹכָב שָׁבִיט (ז)
asteroide (m)	aste'ro'id	אַסְטְרוֹאִיד (ז)
órbita (f)	maslul	מַסְלוּל (ז)
girar (vi)	lesovev	לְסוֹבֵב
atmósfera (f)	atmos'fera	אַטְמוֹסְפֶרָה (נ)
Sol (m)	'ʃemeʃ	שֶׁמֶשׁ (נ)
sistema (m) solar	maʿa'reχet ha'ʃemeʃ	מַעֲרֶכֶת הַשֶׁמֶשׁ (נ)
eclipse (m) de Sol	likui χama	לִיקוּי חַמָה (ז)
Tierra (f)	kadur ha''arets	כַּדוּר הָאָרֶץ (ז)
Luna (f)	ya'reaχ	יָרֵחַ (ז)
Marte (m)	ma'adim	מַאֲדִים (ז)
Venus (f)	'noga	נוֹגַהּ (ז)
Júpiter (m)	'tsedek	צֶדֶק (ז)
Saturno (m)	ʃabtai	שַׁבְתַאי (ז)
Mercurio (m)	koχav χama	כּוֹכָב חַמָה (ז)
Urano (m)	u'ranus	אוּרָנוּס (ז)
Neptuno (m)	neptun	נֶפְטוּן (ז)
Plutón (m)	'pluto	פְלוּטוֹ (ז)
la Vía Láctea	ʃvil haχalav	שְׁבִיל הֶחָלָב (ז)
la Osa Mayor	duba gdola	דוּבָּה גְדוֹלָה (נ)
la Estrella Polar	koχav hatsafon	כּוֹכָב הַצָפוֹן (ז)
marciano (m)	toʃav ma'adim	תוֹשַׁב מַאֲדִים (ז)
extraterrestre (m)	χutsan	חוּצָן (ז)
planetícola (m)	χaizar	חַייָזָר (ז)

platillo (m) volante	tsa'laxat me'o'fefet	צַלַחַת מְעוֹפֶפֶת (נ)
nave (f) espacial	xalalit	חֲלָלִית (נ)
estación (f) orbital	taxanat xalal	תַּחֲנַת חָלָל (נ)
despegue (m)	hamra'a	הַמְרָאָה (נ)

motor (m)	ma'no‘a	מָנוֹעַ (ז)
tobera (f)	nexir	נְחִיר (ז)
combustible (m)	'delek	דֶּלֶק (ז)

carlinga (f)	'kokpit	קוֹקְפִּיט (ז)
antena (f)	an'tena	אַנְטֶנָה (נ)
ventana (f)	eʃnav	אֶשְׁנָב (ז)
batería (f) solar	'luax so'lari	לוּחַ סוֹלָרִי (ז)
escafandra (f)	xalifat xalal	חֲלִיפַת חָלָל (נ)

ingravidez (f)	'xoser miʃkal	חוֹסֶר מִשְׁקָל (ז)
oxígeno (m)	xamtsan	חַמְצָן (ז)

atraque (m)	agina	עֲגִינָה (נ)
realizar el atraque	la‘agon	לַעֲגוֹן

observatorio (m)	mitspe koxavim	מִצְפֵּה כּוֹכָבִים (ז)
telescopio (m)	teleskop	טֶלֶסְקוֹפּ (ז)
observar (vt)	liʦpot, lehaʃkif	לִצְפּוֹת, לְהַשְׁקִיף
explorar (~ el universo)	laxkor	לַחְקוֹר

75. La tierra

Tierra (f)	kadur ha"arets	כַּדּוּר הָאָרֶץ (ז)
globo (m) terrestre	kadur ha"arets	כַּדּוּר הָאָרֶץ (ז)
planeta (m)	koxav 'lexet	כּוֹכַב לֶכֶת (ז)

atmósfera (f)	atmos'fera	אַטְמוֹסְפֶרָה (נ)
geografía (f)	ge'o'grafya	גֵּיאוֹגְרַפְיָה (נ)
naturaleza (f)	'teva	טֶבַע (ז)

globo (m) terráqueo	'globus	גלוֹבּוּס (ז)
mapa (m)	mapa	מַפָּה (נ)
atlas (m)	'atlas	אַטְלָס (ז)

Europa (f)	ei'ropa	אֵירוֹפָּה (נ)
Asia (f)	'asya	אַסְיָה (נ)
África (f)	'afrika	אַפְרִיקָה (נ)
Australia (f)	ost'ralya	אוֹסְטְרַלְיָה (נ)

América (f)	a'merika	אָמֶרִיקָה (נ)
América (f) del Norte	a'merika hatsfonit	אָמֶרִיקָה הַצְּפוֹנִית (נ)
América (f) del Sur	a'merika hadromit	אָמֶרִיקָה הַדְּרוֹמִית (נ)
Antártida (f)	ya'beʃet an'tarktika	יַבֶּשֶׁת אַנְטָאַרְקְטִיקָה (נ)
Ártico (m)	'arktika	אַרְקְטִיקָה (נ)

76. Los puntos cardinales

norte (m)	tsafon	צָפוֹן (ז)
al norte	tsa'fona	צָפוֹנָה
en el norte	batsafon	בַּצָפוֹן
del norte (adj)	tsfoni	צפוֹנִי
sur (m)	darom	דָרוֹם (ז)
al sur	da'roma	דָרוֹמָה
en el sur	badarom	בַּדָרוֹם
del sur (adj)	dromi	דרוֹמִי
oeste (m)	ma'arav	מַעֲרָב (ז)
al oeste	ma'a'rava	מַעֲרָבָה
en el oeste	bama'arav	בַּמַעֲרָב
del oeste (adj)	ma'aravi	מַעֲרָבִי
este (m)	mizrax	מִזרָח (ז)
al este	miz'raxa	מִזרָחָה
en el este	bamizrax	בַּמִזרָח
del este (adj)	mizraxi	מִזרָחִי

77. El mar. El océano

mar (m)	yam	יָם (ז)
océano (m)	ok'yanos	אוֹקיָאנוֹס (ז)
golfo (m)	mifrats	מִפרָץ (ז)
estrecho (m)	meitsar	מֵיצָר (ז)
tierra (f) firme	yabaʃa	יַבָּשָׁה (נ)
continente (m)	ya'beʃet	יַבָּשֶׁת (נ)
isla (f)	i	אִי (ז)
península (f)	xatsi i	חֲצִי אִי (ז)
archipiélago (m)	arxipelag	אַרכִיפֶּלָג (ז)
bahía (f)	mifrats	מִפרָץ (ז)
ensenada, bahía (f)	namal	נָמָל (ז)
laguna (f)	la'guna	לָגוּנָה (נ)
cabo (m)	kef	כֵּף (ז)
atolón (m)	atol	אָטוֹל (ז)
arrecife (m)	ʃunit	שׁוּנִית (נ)
coral (m)	almog	אַלמוֹג (ז)
arrecife (m) de coral	ʃunit almogim	שׁוּנִית אַלמוֹגִים (נ)
profundo (adj)	amok	עָמוֹק
profundidad (f)	'omek	עוֹמֶק (ז)
abismo (m)	tehom	תְהוֹם (נ)
fosa (f) oceánica	maxteʃ	מַכתֵשׁ (ז)

corriente (f)	'zerem	זֶרֶם (ז)
bañar (rodear)	lehakif	לְהַקִּיף
orilla (f)	χof	חוֹף (ז)
costa (f)	χof yam	חוֹף יָם (ז)
flujo (m)	ge'ut	גֵּאוּת (נ)
reflujo (m)	'ʃefel	שֶׁפֶל (ז)
banco (m) de arena	sirton	שִׂרְטוֹן (ז)
fondo (m)	karka'it	קַרְקָעִית (נ)
ola (f)	gal	גַּל (ז)
cresta (f) de la ola	pisgat hagal	פִּסְגַּת הַגַּל (נ)
espuma (f)	'ketsef	קֶצֶף (ז)
tempestad (f)	sufa	סוּפָה (נ)
huracán (m)	hurikan	הוֹרִיקָן (ז)
tsunami (m)	tsu'nami	צוּנָאמִי (ז)
bonanza (f)	'roga	רוֹגַע (ז)
calmo, tranquilo	ʃalev	שָׁלֵו
polo (m)	'kotev	קוֹטֶב (ז)
polar (adj)	kotbi	קוֹטְבִּי
latitud (f)	kav 'roχav	קַו רוֹחַב (ז)
longitud (f)	kav 'oreχ	קַו אוֹרֶךְ (ז)
paralelo (m)	kav 'roχav	קַו רוֹחַב (ז)
ecuador (m)	kav hamaʃve	קַו הַמַּשְׁוֶה (ז)
cielo (m)	ʃa'mayim	שָׁמַיִם (ז״ר)
horizonte (m)	'ofek	אוֹפֶק (ז)
aire (m)	avir	אֲוִיר (ז)
faro (m)	migdalor	מִגְדַּלּוֹר (ז)
bucear (vi)	litslol	לִצְלוֹל
hundirse (vr)	lit'bo'a	לִטְבּוֹעַ
tesoros (m pl)	otsarot	אוֹצָרוֹת (ז״ר)

78. Los nombres de los mares y los océanos

océano (m) Atlántico	ha'ok'yanus ha'at'lanti	הָאוֹקְיָנוֹס הָאַטְלַנְטִי (ז)
océano (m) Índico	ha'ok'yanus ha'hodi	הָאוֹקְיָנוֹס הַהוֹדִי (ז)
océano (m) Pacífico	ha'ok'yanus haʃaket	הָאוֹקְיָנוֹס הַשָּׁקֵט (ז)
océano (m) Glacial Ártico	ok'yanos ha'keraχ hatsfoni	אוֹקְיָנוֹס הַקֶּרַח הַצְּפוֹנִי (ז)
mar (m) Negro	hayam haʃaχor	הַיָּם הַשָּׁחוֹר (ז)
mar (m) Rojo	yam suf	יַם סוּף (ז)
mar (m) Amarillo	hayam hatsahov	הַיָּם הַצָּהוֹב (ז)
mar (m) Blanco	hayam halavan	הַיָּם הַלָּבָן (ז)
mar (m) Caspio	hayam ha'kaspi	הַיָּם הַכַּסְפִּי (ז)

mar (m) Muerto	yam ha'melaχ	יַם הַמֶּלַח (ז)
mar (m) Mediterráneo	hayam hatiχon	הַיָּם הַתִּיכוֹן (ז)
mar (m) Egeo	hayam ha'e'ge'i	הַיָּם הָאֶגֵאִי (ז)
mar (m) Adriático	hayam ha'adri'yati	הַיָּם הָאַדְרִיָאתִי (ז)
mar (m) Arábigo	hayam ha'aravi	הַיָּם הָעֲרָבִי (ז)
mar (m) del Japón	hayam haya'pani	הַיָּם הַיָּפָּנִי (ז)
mar (m) de Bering	yam 'bering	יַם בֶּרִינג (ז)
mar (m) de la China Meridional	yam sin hadromi	יַם סִין הַדְרוֹמִי (ז)
mar (m) del Coral	yam ha'almogim	יַם הָאַלְמוֹגִים (ז)
mar (m) de Tasmania	yam tasman	יַם טַסְמַן (ז)
mar (m) Caribe	hayam haka'ribi	הַיָּם הַקָרִיבִּי (ז)
mar (m) de Barents	yam 'barents	יַם בָּרֶנץ (ז)
mar (m) de Kara	yam 'kara	יַם קָאַרָה (ז)
mar (m) del Norte	hayam hatsfoni	הַיָּם הַצְּפוֹנִי (ז)
mar (m) Báltico	hayam ha'balti	הַיָּם הַבַּלְטִי (ז)
mar (m) de Noruega	hayam hanor'vegi	הַיָּם הַנּוֹרְבֶּגִי (ז)

79. Las montañas

montaña (f)	har	הַר (ז)
cadena (f) de montañas	'reχes harim	רֶכֶס הָרִים (ז)
cresta (f) de montañas	'reχes har	רֶכֶס הַר (ז)
cima (f)	pisga	פִּסְגָּה (נ)
pico (m)	pisga	פִּסְגָּה (נ)
pie (m)	margelot	מַרְגְּלוֹת (נ"ר)
cuesta (f)	midron	מִדְרוֹן (ז)
volcán (m)	har 'ga'aʃ	הַר גַּעַש (ז)
volcán (m) activo	har 'ga'aʃ pa'il	הַר גַּעַש פָּעִיל (ז)
volcán (m) apagado	har 'ga'aʃ radum	הַר גַּעַש רָדוּם (ז)
erupción (f)	hitpartsut	הִתְפָּרְצוּת (נ)
cráter (m)	lo'a	לוֹעַ (ז)
magma (m)	megama	מַגְמָה (נ)
lava (f)	'lava	לָאבָה (נ)
fundido (lava ~a)	lohet	לוֹהֵט
cañón (m)	kanyon	קַנְיוֹן (ז)
desfiladero (m)	gai	גַּיְא (ז)
grieta (f)	'beka	בָּקַע (ז)
precipicio (m)	tehom	תְּהוֹם (נ)
puerto (m) (paso)	ma'avar harim	מַעֲבַר הָרִים (ז)
meseta (f)	rama	רָמָה (נ)

roca (f)	tsuk	צוּק (ז)
colina (f)	giv'a	גִּבְעָה (נ)
glaciar (m)	karxon	קַרחוֹן (ז)
cascada (f)	mapal 'mayim	מַפַּל מַיִם (ז)
geiser (m)	'geizer	גֵּייזֶר (ז)
lago (m)	agam	אֲגַם (ז)
llanura (f)	miʃor	מִישׁוֹר (ז)
paisaje (m)	nof	נוֹף (ז)
eco (m)	hed	הֵד (ז)
alpinista (m)	metapes harim	מְטַפֵּס הָרִים (ז)
escalador (m)	metapes sla'im	מְטַפֵּס סְלָעִים (ז)
conquistar (vt)	lixboʃ	לִכבּוֹשׁ
ascensión (f)	tipus	טִיפּוּס (ז)

80. Los nombres de las montañas

Alpes (m pl)	harei ha''alpim	הָרֵי הָאָלפִּים (ז"ר)
Montblanc (m)	mon blan	מוֹן בּלָאן (ז)
Pirineos (m pl)	pire'ne'im	פִּירֶנָאִים (ז"ר)
Cárpatos (m pl)	kar'patim	קַרפָּטִים (ז"ר)
Urales (m pl)	harei ural	הָרֵי אוּרָל (ז"ר)
Cáucaso (m)	harei hakavkaz	הָרֵי הַקַווקָז (ז"ר)
Elbrus (m)	elbrus	אֶלבּרוּס (ז)
Altai (m)	harei altai	הָרֵי אַלטָאי (ז"ר)
Tian-Shan (m)	tyan ʃan	טִיאָן שָׁאן (ז)
Pamir (m)	harei pamir	הָרֵי פָּאמִיר (ז"ר)
Himalayos (m pl)	harei hehima'laya	הָרֵי הַהִימָלָאיָה (ז"ר)
Everest (m)	everest	אֶווֶרֶסט (ז)
Andes (m pl)	harei ha''andim	הָרֵי הָאַנדִים (ז"ר)
Kilimanjaro (m)	kiliman'dʒaro	קִילִימַנג'רוֹ (ז)

81. Los ríos

río (m)	nahar	נָהָר (ז)
manantial (m)	ma'ayan	מַעיָן (ז)
lecho (m) (curso de agua)	afik	אָפִיק (ז)
cuenca (f) fluvial	agan nahar	אֲגַן נָהָר (ז)
desembocar en …	lehiʃapex	לְהִישָׁפֵךְ
afluente (m)	yuval	יוּבַל (ז)
ribera (f)	xof	חוֹף (ז)
corriente (f)	'zerem	זֶרֶם (ז)

río abajo (adv)	bemorad hanahar	בְּמוֹרַד הַנָּהָר
río arriba (adv)	bema'ale hanahar	בְּמַעֲלָה הַנָּהָר
inundación (f)	hatsafa	הֲצָפָה (נ)
riada (f)	ʃitafon	שִׁיטָפוֹן (ז)
desbordarse (vr)	la'alot al gdotav	לַעֲלוֹת עַל גדוֹתָיו
inundar (vt)	lehatsif	לְהָצִיף
bajo (m) arenoso	sirton	שִׂרְטוֹן (ז)
rápido (m)	'eʃed	אֶשֶׁד (ז)
presa (f)	'seχer	סֶכֶר (ז)
canal (m)	te'ala	תְּעָלָה (נ)
lago (m) artificiale	ma'agar 'mayim	מַאֲגַר מַיִם (ז)
esclusa (f)	ta 'ʃayit	תָא שַׁיִט (ז)
cuerpo (m) de agua	ma'agar 'mayim	מַאֲגַר מַיִם (ז)
pantano (m)	bitsa	בִּיצָה (נ)
ciénaga (f)	bitsa	בִּיצָה (נ)
remolino (m)	me'ar'bolet	מְעַרְבּוֹלֶת (נ)
arroyo (m)	'naχal	נַחַל (ז)
potable (adj)	ʃel ʃtiya	שֶׁל שתִיָּיה
dulce (agua ~)	metukim	מְתוּקִים
hielo (m)	'keraχ	קֶרַח (ז)
helarse (el lago, etc.)	likpo	לִקפּוֹא

82. Los nombres de los ríos

Sena (m)	hasen	הַסֶן (ז)
Loira (m)	lu'ar	לוּאָר (ז)
Támesis (m)	'temza	תָמזָה (ז)
Rin (m)	hrain	הרַיין (ז)
Danubio (m)	da'nuba	דָנוּבָּה (ז)
Volga (m)	'volga	ווֹלגָה (ז)
Don (m)	nahar don	נָהָר דוֹן (ז)
Lena (m)	'lena	לֶנָה (ז)
Río (m) Amarillo	hvang ho	הוַואנג הוֹ (ז)
Río (m) Azul	yangtse	יַאנגצֶה (ז)
Mekong (m)	mekong	מֶקוֹנג (ז)
Ganges (m)	'ganges	גַנגֶס (ז)
Nilo (m)	'nilus	נִילוּס (ז)
Congo (m)	'kongo	קוֹנגוֹ (ז)
Okavango (m)	ok'vango	אוֹקָבַנגוֹ (ז)
Zambeze (m)	zam'bezi	זַמבֵּזִי (ז)

Limpopo (m)	limpopo	לִימְפּוֹפּוֹ (ז)
Misisipi (m)	misi'sipi	מִיסִיסִיפִּי (ז)

83. El bosque

bosque (m)	'ya‘ar	יַעַר (ז)
de bosque (adj)	ʃel 'ya‘ar	שֶׁל יַעַר
espesura (f)	avi ha'ya‘ar	עֲבִי הַיַּעַר (ז)
bosquecillo (m)	χurʃa	חוּרְשָׁה (נ)
claro (m)	ka'raχat 'ya‘ar	קָרַחַת יַעַר (נ)
maleza (f)	svaχ	סְבַךְ (ז)
matorral (m)	'siaχ	שִׂיחַ (ז)
senda (f)	ʃvil	שְׁבִיל (ז)
barranco (m)	'emek tsar	עֵמֶק צַר (ז)
árbol (m)	ets	עֵץ (ז)
hoja (f)	ale	עָלֶה (ז)
follaje (m)	alva	עַלְוָה (נ)
caída (f) de hojas	ʃa'leχet	שַׁלֶּכֶת (נ)
caer (las hojas)	linʃor	לִנְשׁוֹר
cima (f)	tsa'meret	צַמֶּרֶת (נ)
rama (f)	anaf	עָנָף (ז)
rama (f) (gruesa)	anaf ave	עָנָף עָבֶה (ז)
brote (m)	nitsan	נִיצָן (ז)
aguja (f)	'maχat	מַחַט (נ)
piña (f)	itstrubal	אִצְטְרוּבָּל (ז)
agujero (m)	χor ba'ets	חוֹר בָּעֵץ (ז)
nido (m)	ken	קֵן (ז)
tronco (m)	'geza	גֶּזַע (ז)
raíz (f)	'ʃoreʃ	שׁוֹרֶשׁ (ז)
corteza (f)	klipa	קְלִיפָּה (נ)
musgo (m)	taχav	טַחַב (ז)
extirpar (vt)	la‘akor	לַעֲקוֹר
talar (vt)	liχrot	לִכְרוֹת
deforestar (vt)	levare	לְבָרֵא
tocón (m)	'gedem	גֶּדֶם (ז)
hoguera (f)	medura	מְדוּרָה (נ)
incendio (m) forestal	srefa	שְׂרֵיפָה (נ)
apagar (~ el incendio)	leχabot	לְכַבּוֹת
guarda (m) forestal	ʃomer 'ya‘ar	שׁוֹמֵר יַעַר (ז)
protección (f)	ʃmira	שְׁמִירָה (נ)

proteger (vt)	liʃmor	לִשְׁמֹר
cazador (m) furtivo	tsayad lelo reʃut	צַיָּד לְלֹא רְשׁוּת (ז)
cepo (m)	mal'kodet	מַלְכֹּדֶת (נ)

| recoger (setas, bayas) | lelaket | לְלַקֵּט |
| perderse (vr) | lit'ot | לִתְעוֹת |

84. Los recursos naturales

recursos (m pl) naturales	otsarot 'teva	אוֹצְרוֹת טֶבַע (ז"ר)
recursos (m pl) subterráneos	mine'ralim	מִינְרָלִים (ז"ר)
depósitos (m pl)	mirbats	מִרְבָּץ (ז)
yacimiento (m)	mirbats	מִרְבָּץ (ז)

extraer (vt)	lixrot	לִכְרוֹת
extracción (f)	kriya	כְּרִיָּה (נ)
mena (f)	afra	עַפְרָה (נ)
mina (f)	mixre	מִכְרֶה (ז)
pozo (m) de mina	pir	פִּיר (ז)
minero (m)	kore	כּוֹרֶה (ז)

gas (m)	gaz	גָּז (ז)
gasoducto (m)	tsinor gaz	צִינוֹר גָּז (ז)
petróleo (m)	neft	נֵפְט (ז)
oleoducto (m)	tsinor neft	צִינוֹר נֵפְט (ז)
pozo (m) de petróleo	be'er neft	בְּאֵר נֵפְט (נ)
torre (f) de sondeo	migdal ki'duax	מִגְדַּל קִידּוּחַ (ז)
petrolero (m)	mexalit	מֵיכָלִית (נ)

arena (f)	xol	חוֹל (ז)
caliza (f)	'even gir	אֶבֶן גִּיר (נ)
grava (f)	xatsats	חָצָץ (ז)
turba (f)	kavul	כָּבוּל (ז)
arcilla (f)	tit	טִיט (ז)
carbón (m)	pexam	פֶּחָם (ז)

hierro (m)	barzel	בַּרְזֶל (ז)
oro (m)	zahav	זָהָב (ז)
plata (f)	'kesef	כֶּסֶף (ז)
níquel (m)	'nikel	נִיקֶל (ז)
cobre (m)	ne'xoʃet	נְחוֹשֶׁת (נ)

zinc (m)	avats	אָבָץ (ז)
manganeso (m)	mangan	מַנְגָּן (ז)
mercurio (m)	kaspit	כַּסְפִּית (נ)
plomo (m)	o'feret	עוֹפֶרֶת (נ)

| mineral (m) | mineral | מִינְרָל (ז) |
| cristal (m) | gaviʃ | גָּבִישׁ (ז) |

mármol (m)	'ʃayiʃ	שַׁיִשׁ (ז)
uranio (m)	u'ranyum	אוּרַניוּם (ז)

85. El tiempo

tiempo (m)	'mezeg avir	מֶזֶג אֲוֹויר (ז)
previsión (f) del tiempo	taχazit 'mezeg ha'avir	תַּחֲזִית מֶזֶג הָאֲוֹויר (נ)
temperatura (f)	tempera'tura	טֶמפֶּרָטוּרָה (נ)
termómetro (m)	madχom	מַדחוֹם (ז)
barómetro (m)	ba'rometer	בָּרוֹמֶטֶר (ז)
húmedo (adj)	laχ	לַח
humedad (f)	laχut	לַחוּת (נ)
bochorno (m)	χom	חוֹם (ז)
tórrido (adj)	χam	חַם
hace mucho calor	χam	חַם
hace calor (templado)	χamim	חָמִים
templado (adj)	χamim	חָמִים
hace frío	kar	קַר
frío (adj)	kar	קַר
sol (m)	'ʃemeʃ	שֶׁמֶשׁ (נ)
brillar (vi)	lizhor	לִזהוֹר
soleado (un día ~)	ʃimʃi	שִׁמשִׁי
elevarse (el sol)	liz'roaχ	לִזרוֹחַ
ponerse (vr)	liʃ'ko'a	לִשׁקוֹעַ
nube (f)	anan	עָנָן (ז)
nuboso (adj)	me'unan	מְעוֹנָן
nubarrón (m)	av	עָב (ז)
nublado (adj)	sagriri	סַגרִירִי
lluvia (f)	'geʃem	גֶּשֶׁם (ז)
está lloviendo	yored 'geʃem	יוֹרֵד גֶּשֶׁם
lluvioso (adj)	gaʃum	גָּשׁוּם
llovizna (vi)	letaftef	לְטַפטֵף
aguacero (m)	matar	מָטָר (ז)
chaparrón (m)	mabul	מַבּוּל (ז)
fuerte (la lluvia ~)	χazak	חָזָק
charco (m)	ʃlulit	שְׁלוּלִית (נ)
mojarse (vr)	lehitratev	לְהִתרַטֵב
niebla (f)	arapel	עֲרָפֶל (ז)
nebuloso (adj)	me'urpal	מְעוּרפָּל
nieve (f)	'ʃeleg	שֶׁלֶג (ז)
está nevando	yored 'ʃeleg	יוֹרֵד שֶׁלֶג

86. Los eventos climáticos severos. Los desastres naturales

tormenta (f)	sufat re'amim	סוּפַת רְעָמִים (נ)
relámpago (m)	barak	בָּרָק (ז)
relampaguear (vi)	livhok	לִבְהֹק
trueno (m)	'ra'am	רַעַם (ז)
tronar (vi)	lir'om	לִרְעֹם
está tronando	lir'om	לִרְעֹם
granizo (m)	barad	בָּרָד (ז)
está granizando	yored barad	יוֹרֵד בָּרָד
inundar (vt)	lehatsif	לְהָצִיף
inundación (f)	ʃitafon	שִׁיטָפוֹן (ז)
terremoto (m)	re'idat adama	רְעִידַת אֲדָמָה (נ)
sacudida (f)	re'ida	רְעִידָה (נ)
epicentro (m)	moked	מוֹקֵד (ז)
erupción (f)	hitpartsut	הִתְפָּרְצוּת (נ)
lava (f)	'lava	לָאבָה (נ)
torbellino (m)	hurikan	הוֹרִיקָן (ז)
tornado (m)	tor'nado	טוֹרְנָדוֹ (ז)
tifón (m)	taifun	טַייפוּן (ז)
huracán (m)	hurikan	הוֹרִיקָן (ז)
tempestad (f)	sufa	סוּפָה (נ)
tsunami (m)	tsu'nami	צוּנָאמִי (ז)
ciclón (m)	tsiklon	צִיקְלוֹן (ז)
mal tiempo (m)	sagrir	סַגְרִיר (ז)
incendio (m)	srefa	שְׂרֵיפָה (נ)
catástrofe (f)	ason	אָסוֹן (ז)
meteorito (m)	mete'orit	מֶטֶאוֹרִיט (ז)
avalancha (f)	ma'polet ʃlagim	מַפּוֹלֶת שְׁלָגִים (נ)
alud (m) de nieve	ma'polet ʃlagim	מַפּוֹלֶת שְׁלָגִים (נ)
ventisca (f)	sufat ʃlagim	סוּפַת שְׁלָגִים (נ)
nevasca (f)	sufat ʃlagim	סוּפַת שְׁלָגִים (נ)

T&P BOOKS

LA FAUNA

T&P Books Publishing

87. Los mamíferos. Los predadores

carnívoro (m)	χayat 'teref	חַיַּת טֶרֶף (נ)
tigre (m)	'tigris	טִיגְרִיס (ז)
león (m)	arye	אַרְיֵה (ז)
lobo (m)	ze'ev	זְאֵב (ז)
zorro (m)	ʃu'al	שׁוּעָל (ז)
jaguar (m)	yagu'ar	יָגוּאָר (ז)
leopardo (m)	namer	נָמֵר (ז)
guepardo (m)	bardelas	בַּרְדְּלָס (ז)
pantera (f)	panter	פַּנְתֵּר (ז)
puma (f)	'puma	פּוּמָה (נ)
leopardo (m) de las nieves	namer 'ʃeleg	נָמֵר שֶׁלֶג (ז)
lince (m)	ʃunar	שׁוּנָר (ז)
coyote (m)	ze'ev ha'aravot	זְאֵב הָעֲרָבוֹת (ז)
chacal (m)	tan	תַּן (ז)
hiena (f)	tsa'vo'a	צָבוֹעַ (ז)

88. Los animales salvajes

animal (m)	'ba'al χayim	בַּעַל חַיִּים (ז)
bestia (f)	χaya	חַיָה (נ)
ardilla (f)	sna'i	סְנָאִי (ז)
erizo (m)	kipod	קִיפּוֹד (ז)
liebre (f)	arnav	אַרְנָב (ז)
conejo (m)	ʃafan	שָׁפָן (ז)
tejón (m)	girit	גִּירִית (נ)
mapache (m)	dvivon	דְּבִיבוֹן (ז)
hámster (m)	oger	אוֹגֵר (ז)
marmota (f)	mar'mita	מַרְמִיטָה (נ)
topo (m)	χafar'peret	חֲפַרְפֶּרֶת (נ)
ratón (m)	aχbar	עַכְבָּר (ז)
rata (f)	χulda	חוּלְדָה (נ)
murciélago (m)	atalef	עֲטַלֵּף (ז)
armiño (m)	hermin	הֶרְמִין (ז)
cebellina (f)	tsobel	צוֹבֶּל (ז)
marta (f)	dalak	דָּלָק (ז)

| comadreja (f) | χamus | חָמוֹס (ז) |
| visón (m) | χorfan | חוֹרפָן (ז) |

| castor (m) | bone | בּוֹנֶה (ז) |
| nutria (f) | lutra | לוֹטרָה (נ) |

caballo (m)	sus	סוּס (ז)
alce (m)	ayal hakore	אַייָל הַקּוֹרֵא (ז)
ciervo (m)	ayal	אַייָל (ז)
camello (m)	gamal	גָמָל (ז)

bisonte (m)	bizon	בִּיזוֹן (ז)
uro (m)	bizon ei'ropi	בִּיזוֹן אֵירוֹפִּי (ז)
búfalo (m)	te'o	תְאוֹ (ז)

cebra (f)	'zebra	זֶבּרָה (נ)
antílope (m)	anti'lopa	אַנטִילוֹפָּה (ז)
corzo (m)	ayal hakarmel	אַייָל הַכַּרמֶל (ז)
gamo (m)	yaχmur	יַחמוּר (ז)
gamuza (f)	ya'el	יָעֵל (ז)
jabalí (m)	χazir bar	חֲזִיר בָּר (ז)

ballena (f)	livyatan	לִווייָתָן (ז)
foca (f)	'kelev yam	כֶּלֶב יָם (ז)
morsa (f)	sus yam	סוּס יָם (ז)
oso (m) marino	dov yam	דוֹב יָם (ז)
delfín (m)	dolfin	דוֹלפִין (ז)

oso (m)	dov	דוֹב (ז)
oso (m) blanco	dov 'kotev	דוֹב קוֹטֶב (ז)
panda (f)	'panda	פַּנדָה (נ)

mono (m)	kof	קוֹף (ז)
chimpancé (m)	ʃimpanze	שִימפַּנזֶה (נ)
orangután (m)	orang utan	אוֹרַנג-אוּטַן (ז)
gorila (m)	go'rila	גוֹרִילָה (נ)
macaco (m)	makak	מָקָק (ז)
gibón (m)	gibon	גִיבּוֹן (ז)

| elefante (m) | pil | פִּיל (ז) |
| rinoceronte (m) | karnaf | קַרנַף (ז) |

| jirafa (f) | dʒi'rafa | גִ'ירָפָה (נ) |
| hipopótamo (m) | hipopotam | הִיפּוֹפּוֹטָם (ז) |

| canguro (m) | 'kenguru | קֶנגוּרוּ (ז) |
| koala (f) | ko''ala | קוֹאָלָה (ז) |

mangosta (f)	nemiya	נְמִייָה (נ)
chinchilla (f)	tʃin'tʃila	צִ'ינצ'ִילָה (נ)
mofeta (f)	bo'eʃ	בּוֹאֵש (ז)
espín (m)	darban	דַרבָּן (ז)

187

89. Los animales domésticos

gata (f)	χatula	חֲתוּלָה (נ)
gato (m)	χatul	חָתוּל (ז)
perro (m)	'kelev	כֶּלֶב (ז)

caballo (m)	sus	סוּס (ז)
garañón (m)	sus harba'a	סוּס הַרְבָּעָה (ז)
yegua (f)	susa	סוּסָה (נ)

vaca (f)	para	פָּרָה (נ)
toro (m)	ʃor	שׁוֹר (ז)
buey (m)	ʃor	שׁוֹר (ז)

oveja (f)	kivsa	כִּבְשָׂה (נ)
carnero (m)	'ayil	אַיִל (ז)
cabra (f)	ez	עֵז (נ)
cabrón (m)	'tayiʃ	תַּיִשׁ (ז)

asno (m)	χamor	חֲמוֹר (ז)
mulo (m)	'pered	פֶּרֶד (ז)

cerdo (m)	χazir	חֲזִיר (ז)
cerdito (m)	χazarzir	חֲזַרְזִיר (ז)
conejo (m)	arnav	אַרְנָב (ז)

gallina (f)	tarne'golet	תַּרְנְגוֹלֶת (נ)
gallo (m)	tarnegol	תַּרְנְגוֹל (ז)

pato (m)	barvaz	בַּרְוָז (ז)
ánade (m)	barvaz	בַּרְוָז (ז)
ganso (m)	avaz	אַוָּז (ז)

pavo (m)	tarnegol 'hodu	תַּרְנְגוֹל הוֹדוּ (ז)
pava (f)	tarne'golet 'hodu	תַּרְנְגוֹלֶת הוֹדוּ (נ)

animales (m pl) domésticos	χayot 'bayit	חַיּוֹת בַּיִת (נ"ר)
domesticado (adj)	mevuyat	מְבוּיָת
domesticar (vt)	levayet	לְבַיֵּת
criar (vt)	lehar'bi'a	לְהַרְבִּיעַ

granja (f)	χava	חַוָּה (נ)
aves (f pl) de corral	ofot 'bayit	עוֹפוֹת בַּיִת (נ"ר)
ganado (m)	bakar	בָּקָר (ז)
rebaño (m)	'eder	עֵדֶר (ז)

caballeriza (f)	urva	אוּרְוָה (נ)
porqueriza (f)	dir χazirim	דִּיר חֲזִירִים (ז)
vaquería (f)	'refet	רֶפֶת (נ)
conejal (m)	arnaviya	אַרְנָבִיָּה (נ)
gallinero (m)	lul	לוּל (ז)

90. Los pájaros

pájaro (m)	tsipor	צִיפּוֹר (נ)
paloma (f)	yona	יוֹנָה (נ)
gorrión (m)	dror	דרוֹר (ז)
carbonero (m)	yargazi	יַרְגָזִי (ז)
urraca (f)	orev neχalim	עוֹרֵב נְחָלִים (ז)
cuervo (m)	orev ʃaχor	עוֹרֵב שָׁחוֹר (ז)
corneja (f)	orev afor	עוֹרֵב אָפֹר (ז)
chova (f)	ka'ak	קָאָק (ז)
grajo (m)	orev hamizra	עוֹרֵב הַמִזְרָע (ז)
pato (m)	barvaz	בַּרְוָז (ז)
ganso (m)	avaz	אֲוָוז (ז)
faisán (m)	pasyon	פַּסְיוֹן (ז)
águila (f)	'ayit	עַיִט (ז)
azor (m)	nets	נֵץ (ז)
halcón (m)	baz	בַּז (ז)
buitre (m)	ozniya	עוֹזְנִיָה (ז)
cóndor (m)	kondor	קוֹנְדוֹר (ז)
cisne (m)	barbur	בַּרְבּוּר (ז)
grulla (f)	agur	עָגוּר (ז)
cigüeña (f)	χasida	חֲסִידָה (נ)
loro (m), papagayo (m)	'tuki	תוּכִּי (ז)
colibrí (m)	ko'libri	קוֹלִיבְּרִי (ז)
pavo (m) real	tavas	טַוָוס (ז)
avestruz (m)	bat ya'ana	בַּת יַעֲנָה (נ)
garza (f)	anafa	אֲנָפָה (נ)
flamenco (m)	fla'mingo	פְלָמִינגוֹ (ז)
pelícano (m)	saknai	שַׂקְנַאי (ז)
ruiseñor (m)	zamir	זָמִיר (ז)
golondrina (f)	snunit	סְנוּנִית (נ)
tordo (m)	kiχli	קִיכְלִי (ז)
zorzal (m)	kiχli mezamer	קִיכְלִי מְזַמֵר (ז)
mirlo (m)	kiχli ʃaχor	קִיכְלִי שָׁחוֹר (ז)
vencejo (m)	sis	סִיס (ז)
alondra (f)	efroni	עֶפְרוֹנִי (ז)
codorniz (f)	slav	שְׂלָיו (ז)
pájaro carpintero (m)	'neker	נָקָר (ז)
cuco (m)	kukiya	קוּקִיָה (נ)
lechuza (f)	yanʃuf	יַנְשוּף (ז)
búho (m)	'oaχ	אוֹחַ (ז)

urogallo (m)	seχvi 'ya'ar	שְׂכווי יַעַר (ז)
gallo lira (m)	seχvi	שְׂכווי (ז)
perdiz (f)	χogla	חוֹגלָה (נ)
estornino (m)	zarzir	זַרזִיר (ז)
canario (m)	ka'narit	קָנָרִית (נ)
ortega (f)	seχvi haya'arot	שְׂכווי הַיְעָרוֹת (ז)
pinzón (m)	paroʃ	פָּרוֹש (ז)
camachuelo (m)	admonit	אַדמוֹנִית (נ)
gaviota (f)	'ʃaχaf	שַחַף (ז)
albatros (m)	albatros	אַלבַּטרוֹס (ז)
pingüino (m)	pingvin	פִּינגוֹוִין (ז)

91. Los peces. Los animales marinos

brema (f)	avroma	אַברוֹמָה (נ)
carpa (f)	karpiyon	קַרפִּיוֹן (ז)
perca (f)	'okunus	אוֹקוּנוּס (ז)
siluro (m)	sfamnun	שְׂפַמנוּן (ז)
lucio (m)	ze'ev 'mayim	זְאֵב מַיִם (ז)
salmón (m)	'salmon	סַלמוֹן (ז)
esturión (m)	χidkan	חִדקָן (ז)
arenque (m)	ma'liaχ	מָלִיחַ (ז)
salmón (m) del Atlántico	iltit	אִילתִית (נ)
caballa (f)	makarel	מָקָרֶל (ז)
lenguado (m)	dag moʃe ra'benu	דַג מֹשֶה רַבֵּנוּ (ז)
lucioperca (f)	amnun	אַמנוּן (ז)
bacalao (m)	ʃibut	שִיבּוּט (ז)
atún (m)	'tuna	טוּנָה (נ)
trucha (f)	forel	פוֹרֶל (ז)
anguila (f)	tslofaχ	צְלוֹפָח (ז)
raya (f) eléctrica	trisanit	תְרִיסָנִית (נ)
morena (f)	mo'rena	מוֹרֶנָה (נ)
piraña (f)	pi'ranya	פִּירַניָה (נ)
tiburón (m)	kariʃ	כָּרִיש (ז)
delfín (m)	dolfin	דוֹלפִּין (ז)
ballena (f)	livyatan	לִווִיָתָן (ז)
centolla (f)	sartan	סַרטָן (ז)
medusa (f)	me'duza	מֶדוּזָה (נ)
pulpo (m)	tamnun	תַמנוּן (ז)
estrella (f) de mar	koχav yam	כּוֹכַב יָם (ז)
erizo (m) de mar	kipod yam	קִיפוֹד יָם (ז)

caballito (m) de mar	suson yam	סוּסוֹן יָם (ז)
ostra (f)	tsidpa	צִדְפָּה (נ)
camarón (m)	χasilon	חָסִילוֹן (ז)
bogavante (m)	'lobster	לוֹבְּסְטֶר (ז)
langosta (f)	'lobster kotsani	לוֹבְּסְטֶר קוֹצָנִי (ז)

92. Los anfibios. Los reptiles

serpiente (f)	naχaʃ	נָחָשׁ (ז)
venenoso (adj)	arsi	אַרְסִי
víbora (f)	'tsefa	צֶפַע (ז)
cobra (f)	'peten	פֶּתֶן (ז)
pitón (m)	piton	פִּיתוֹן (ז)
boa (f)	χanak	חֶנֶק (ז)
culebra (f)	naχaʃ 'mayim	נָחָשׁ מַיִם (ז)
serpiente (m) de cascabel	ʃfifon	שְׁפִיפוֹן (ז)
anaconda (f)	ana'konda	אֲנָקוֹנְדָה (נ)
lagarto (m)	leta'a	לְטָאָה (נ)
iguana (f)	igu"ana	אִיגוּאָנָה (נ)
varano (m)	'koaχ	כּוֹחַ (ז)
salamandra (f)	sala'mandra	סָלָמַנְדְּרָה (נ)
camaleón (m)	zikit	זִיקִית (נ)
escorpión (m)	akrav	עַקְרָב (ז)
tortuga (f)	tsav	צָב (ז)
rana (f)	tsfar'de'a	צְפַרְדֵּעַ (נ)
sapo (m)	karpada	קַרְפָּדָה (נ)
cocodrilo (m)	tanin	תַּנִּין (ז)

93. Los insectos

insecto (m)	χarak	חָרָק (ז)
mariposa (f)	parpar	פַּרְפַּר (ז)
hormiga (f)	nemala	נְמָלָה (נ)
mosca (f)	zvuv	זְבוּב (ז)
mosquito (m) (picadura de ~)	yatuʃ	יַתּוּשׁ (ז)
escarabajo (m)	χipuʃit	חִיפּוּשִׁית (נ)
avispa (f)	tsir'a	צִרְעָה (נ)
abeja (f)	dvora	דְּבוֹרָה (נ)
abejorro (m)	dabur	דַּבּוּר (ז)
moscardón (m)	zvuv hasus	זְבוּב הַסּוּס (ז)
araña (f)	akaviʃ	עַכָּבִישׁ (ז)
telaraña (f)	kurei akaviʃ	קוּרֵי עַכָּבִישׁ (ז"ר)

libélula (f)	ʃapirit	שְׁפִירִית (נ)
saltamontes (m)	χagav	חָגָב (ז)
mariposa (f) nocturna	aʃ	עָשׁ (ז)
cucaracha (f)	makak	מַקָּק (ז)
garrapata (f)	karʦiya	קַרְצִיָּה (נ)
pulga (f)	par'oʃ	פַּרְעוֹשׁ (ז)
mosca (f) negra	yavχuʃ	יַבְחוּשׁ (ז)
langosta (f)	arbe	אַרְבֶּה (ז)
caracol (m)	χilazon	חִילָזוֹן (ז)
grillo (m)	ʦarʦar	צְרָצַר (ז)
luciérnaga (f)	gaχlilit	גַּחְלִילִית (נ)
mariquita (f)	parat moʃe ra'benu	פָּרַת מֹשֶׁה רַבֵּנוּ (נ)
sanjuanero (m)	χipuʃit aviv	חִיפּוּשִׁית אָבִיב (נ)
sanguijuela (f)	aluka	עֲלוּקָה (נ)
oruga (f)	zaχal	זַחַל (ז)
lombriz (m) de tierra	to'la'at	תּוֹלַעַת (נ)
larva (f)	'deren	דֶּרֶן (ז)

T&P BOOKS

LA FLORA

T&P Books Publishing

árbol (m)	ets	עֵץ (ז)
foliáceo (adj)	naʃir	נָשִׁיר
conífero (adj)	maxtani	מַחְטָנִי
de hoja perenne	yarok ad	יָרוֹק עַד

manzano (m)	ta'puax	תַּפּוּחַ (ז)
peral (m)	agas	אַגָּס (ז)
cerezo (m)	gudgedan	גּוּדְגְּדָן (ז)
guindo (m)	duvdevan	דּוּבְדְּבָן (ז)
ciruelo (m)	ʃezif	שְׁזִיף (ז)

abedul (m)	ʃadar	שָׁדָר (ז)
roble (m)	alon	אַלּוֹן (ז)
tilo (m)	'tilya	טִילְיָה (נ)
pobo (m)	aspa	אַסְפָּה (נ)
arce (m)	'eder	אֶדֶר (ז)

pícea (f)	a'ʃuax	אַשּׁוּחַ (ז)
pino (m)	'oren	אוֹרֶן (ז)
alerce (m)	arzit	אַרְזִית (נ)

| abeto (m) | a'ʃuax | אַשּׁוּחַ (ז) |
| cedro (m) | 'erez | אֶרֶז (ז) |

| álamo (m) | tsaftsefa | צַפְצָפָה (נ) |
| serbal (m) | ben xuzrar | בֶּן־חוּזְרָר (ז) |

| sauce (m) | arava | עֲרָבָה (נ) |
| aliso (m) | alnus | אַלְנוּס (ז) |

| haya (f) | aʃur | אָשׁוּר (ז) |
| olmo (m) | bu'kitsa | בּוּקִיצָה (נ) |

| fresno (m) | mela | מֵילָה (נ) |
| castaño (m) | armon | עַרְמוֹן (ז) |

magnolia (f)	mag'nolya	מַגְנוֹלְיָה (נ)
palmera (f)	'dekel	דֶּקֶל (ז)
ciprés (m)	broʃ	בְּרוֹשׁ (ז)

mangle (m)	mangrov	מַנְגְּרוֹב (ז)
baobab (m)	ba'obab	בָּאוֹבָּב (ז)
eucalipto (m)	eika'liptus	אֵיקָלִיפְּטוּס (ז)
secoya (f)	sek'voya	סֶקְווֹיָה (נ)

95. Los arbustos

mata (f)	'siax	שִׂיחַ (ז)
arbusto (m)	'siax	שִׂיחַ (ז)
vid (f)	'gefen	גֶּפֶן (ז)
viñedo (m)	'kerem	כֶּרֶם (ז)
frambueso (m)	'petel	פֶּטֶל (ז)
grosellero (m) negro	'siax dumdemaniyot ʃxorot	שִׂיחַ דּוּמְדְּמָנִיּוֹת שְׁחוֹרוֹת (ז)
grosellero (m) rojo	'siax dumdemaniyot adumot	שִׂיחַ דּוּמְדְּמָנִיּוֹת אֲדוּמּוֹת (ז)
grosellero (m) espinoso	xazarzar	חֲזַרְזַר (ז)
acacia (f)	ʃita	שִׁיטָה (נ)
berberís (m)	berberis	בֶּרְבֶּרִיס (ז)
jazmín (m)	yasmin	יַסְמִין (ז)
enebro (m)	ar'ar	עַרְעָר (ז)
rosal (m)	'siax vradim	שִׂיחַ וְרָדִים (ז)
escaramujo (m)	'vered bar	וֶרֶד בָּר (ז)

96. Las frutas. Las bayas

fruto (m)	pri	פְּרִי (ז)
frutos (m pl)	perot	פֵּירוֹת (ז"ר)
manzana (f)	ta'puax	תַּפּוּחַ (ז)
pera (f)	agas	אַגָּס (ז)
ciruela (f)	ʃezif	שְׁזִיף (ז)
fresa (f)	tut sade	תּוּת שָׂדֶה (ז)
guinda (f)	duvdevan	דּוּבְדְּבָן (ז)
cereza (f)	gudgedan	גּוּדְגְּדָן (ז)
uva (f)	anavim	עֲנָבִים (ז"ר)
frambuesa (f)	'petel	פֶּטֶל (ז)
grosella (f) negra	dumdemanit ʃxora	דּוּמְדְּמָנִית שְׁחוֹרָה (נ)
grosella (f) roja	dumdemanit aduma	דּוּמְדְּמָנִית אֲדוּמָּה (נ)
grosella (f) espinosa	xazarzar	חֲזַרְזַר (ז)
arándano (m) agrio	xamutsit	חֲמוּצִית (נ)
naranja (f)	tapuz	תַּפּוּז (ז)
mandarina (f)	klemen'tina	קְלֶמֶנְטִינָה (נ)
piña (f)	'ananas	אֲנָנָס (ז)
banana (f)	ba'nana	בַּנָנָה (נ)
dátil (m)	tamar	תָּמָר (ז)
limón (m)	limon	לִימוֹן (ז)
albaricoque (m)	'miʃmeʃ	מִשְׁמֵשׁ (ז)

melocotón (m)	afarsek	אֲפַרְסֵק (ז)
kiwi (m)	'kivi	קִיוּוי (ז)
toronja (f)	eʃkolit	אֶשְׁכּוֹלִית (נ)

baya (f)	garger	גַרְגֵר (ז)
bayas (f pl)	gargerim	גַרְגְרִים (ז"ר)
arándano (m) rojo	uχmanit aduma	אוּכְמָנִית אֲדוּמָה (נ)
fresa (f) silvestre	tut 'ya'ar	תּוּת יַעַר (ז)
arándano (m)	uχmanit	אוּכְמָנִית (נ)

97. Las flores. Las plantas

| flor (f) | 'peraχ | פֶּרַח (ז) |
| ramo (m) de flores | zer | זֵר (ז) |

rosa (f)	'vered	וֶרֶד (ז)
tulipán (m)	tsiv'oni	צִבְעוֹנִי (ז)
clavel (m)	tsi'poren	צִיפּוֹרֶן (ז)
gladiolo (m)	glad'yola	גְלַדִיוֹלָה (נ)

aciano (m)	dganit	דְגָנִיָה (נ)
campanilla (f)	pa'amonit	פַּעֲמוֹנִית (נ)
diente (m) de león	ʃinan	שִׁינָן (ז)
manzanilla (f)	kamomil	קָמוֹמִיל (ז)

áloe (m)	alvai	אָלוַוי (ז)
cacto (m)	'kaktus	קַקְטוּס (ז)
ficus (m)	'fikus	פִיקוּס (ז)

azucena (f)	ʃoʃana	שׁוֹשַׁנָה (נ)
geranio (m)	ge'ranyum	גֵרַנְיוּם (ז)
jacinto (m)	yakinton	יָקִינְטוֹן (ז)

mimosa (f)	mi'moza	מִימוֹזָה (נ)
narciso (m)	narkis	נַרְקִיס (ז)
capuchina (f)	'kova hanazir	כּוֹבַע הַנָזִיר (ז)

orquídea (f)	saχlav	סַחְלָב (ז)
peonía (f)	admonit	אַדְמוֹנִית (נ)
violeta (f)	sigalit	סִיגָלִית (נ)

trinitaria (f)	amnon vetamar	אַמְנוֹן וְתָמָר (ז)
nomeolvides (f)	ziχ'rini	זִכְרִינִי (ז)
margarita (f)	marganit	מַרְגָנִית (נ)

amapola (f)	'pereg	פֶּרֶג (ז)
cáñamo (m)	ka'nabis	קָנָאבִיס (ז)
menta (f)	'menta	מֶנְתָה (נ)
muguete (m)	zivanit	זִיוָנִית (נ)
campanilla (f) de las nieves	ga'lantus	גָלָנְטוּס (ז)

ortiga (f)	sirpad	סִרְפָּד (ז)
acedera (f)	χum'a	חוּמְעָה (נ)
nenúfar (m)	nufar	נוּפָר (ז)
helecho (m)	ʃaraχ	שֶׁרֶךְ (ז)
liquen (m)	χazazit	חֲזָזִית (נ)

invernadero (m) tropical	χamama	חֲמָמָה (נ)
césped (m)	midʃa'a	מִדְשָׁאָה (נ)
macizo (m) de flores	arugat praχim	עֲרוּגַת פְּרָחִים (נ)

planta (f)	'tsemaχ	צֶמַח (ז)
hierba (f)	'deʃe	דֶשֶׁא (ז)
hoja (f) de hierba	giv'ol 'esev	גִבְעוֹל עֵשֶׂב (ז)

hoja (f)	ale	עָלֶה (ז)
pétalo (m)	ale ko'teret	עָלֵה כּוֹתֶרֶת (ז)
tallo (m)	giv'ol	גִבְעוֹל (ז)
tubérculo (m)	'pka'at	פְּקַעַת (נ)

| retoño (m) | 'nevet | נֶבֶט (ז) |
| espina (f) | kots | קוֹץ (ז) |

florecer (vi)	lif'roaχ	לִפְרוֹחַ
marchitarse (vr)	linbol	לִנְבּוֹל
olor (m)	'reaχ	רֵיחַ (ז)
cortar (vt)	ligzom	לִגְזוֹם
coger (una flor)	liktof	לִקְטוֹף

98. Los cereales, los granos

grano (m)	tvu'a	תְבוּאָה (נ)
cereales (m pl) (plantas)	dganim	דְגָנִים (ז"ר)
espiga (f)	ʃi'bolet	שִׁיבּוֹלֶת (נ)

trigo (m)	χita	חִיטָה (נ)
centeno (m)	ʃifon	שִׁיפוֹן (ז)
avena (f)	ʃi'bolet ʃu'al	שִׁיבּוֹלֶת שׁוּעָל (נ)

| mijo (m) | 'doχan | דוֹחַן (ז) |
| cebada (f) | se'ora | שְׂעוֹרָה (נ) |

maíz (m)	'tiras	תִירָס (ז)
arroz (m)	'orez	אוֹרֶז (ז)
alforfón (m)	ku'semet	כּוּסֶמֶת (נ)

guisante (m)	afuna	אֲפוּנָה (נ)
fréjol (m)	ʃu'it	שְׁעוּעִית (נ)
soya (f)	'soya	סוֹיָה (נ)
lenteja (f)	adaʃim	עֲדָשִׁים (נ"ר)
habas (f pl)	pol	פּוֹל (ז)

LOS PAÍSES

T&P Books Publishing

Afganistán (m)	afganistan	אַפְגָּנִיסְטָן (ז)
Albania (f)	al'banya	אַלְבַּנְיָה (ז)
Alemania (f)	ger'manya	גֶּרְמַנְיָה (ז)
Arabia (f) Saudita	arav hasa'udit	עֲרָב הַסָּעוּדִית (ז)
Argentina (f)	argen'tina	אַרְגֶּנְטִינָה (ז)
Armenia (f)	ar'menya	אַרְמֶנְיָה (ז)
Australia (f)	ost'ralya	אוֹסְטְרַלְיָה (ז)
Austria (f)	'ostriya	אוֹסְטְרִיָה (ז)
Azerbaiyán (m)	azerbaidʒan	אָזֶרְבַּייגָ'ן (ז)
Bangladesh (m)	bangladeʃ	בַּנְגְלָדֶשׁ (ז)
Bélgica (f)	'belgya	בֶּלְגִיָה (ז)
Bielorrusia (f)	'belarus	בֶּלָרוּס (ז)
Bolivia (f)	bo'livya	בּוֹלִיבִיָה (ז)
Bosnia y Herzegovina	'bosniya	בּוֹסְנִיָה (ז)
Brasil (m)	brazil	בְּרָזִיל (ז)
Bulgaria (f)	bul'garya	בּוּלְגַּרְיָה (ז)
Camboya (f)	kam'bodya	קַמְבּוֹדְיָה (ז)
Canadá (f)	'kanada	קָנָדָה (ז)
Chequia (f)	'tʃexya	צֶ'כְיָה (ז)
Chile (m)	'tʃile	צִ'ילֶה (ז)
China (f)	sin	סִין (ז)
Chipre (m)	kafrisin	קַפְרִיסִין (ז)
Colombia (f)	ko'lombya	קוֹלוֹמְבִּיָה (ז)
Corea (f) del Norte	ko'rei'a hatsfonit	קוֹרֵיאָה הַצְּפוֹנִית (ז)
Corea (f) del Sur	ko'rei'a hadromit	קוֹרֵיאָה הַדְּרוֹמִית (ז)
Croacia (f)	kro''atya	קְרוֹאָטְיָה (ז)
Cuba (f)	'kuba	קוּבָּה (ז)
Dinamarca (f)	'denemark	דֶּנֶמַרק (ז)
Ecuador (m)	ekvador	אֶקְוָוֹדוֹר (ז)
Egipto (m)	mits'rayim	מִצְרַיִם (ז)
Emiratos (m pl) Árabes Unidos	iχud ha'emi'royot ha'araviyot	אִיחוּד הָאֱמִירוּיוֹת הָעֲרָבִיּוֹת (ז)
Escocia (f)	'skotland	סְקוֹטְלַנְד (ז)
Eslovaquia (f)	slo'vakya	סְלוֹבַקְיָה (ז)
Eslovenia	slo'venya	סְלוֹבֶנְיָה (ז)
España (f)	sfarad	סְפָרַד (ז)
Estados Unidos de América	artsot habrit	אַרְצוֹת הַבְּרִית (נ"ר)
Estonia (f)	es'tonya	אֶסְטוֹנְיָה (ז)
Finlandia (f)	'finland	פִינְלַנְד (ז)
Francia (f)	tsarfat	צָרְפַת (ז)

100. Los países. Unidad 2

Georgia (f)	'gruzya	גְּרוּזְיָה (נ)
Ghana (f)	'gana	גָּאנָה (נ)
Gran Bretaña (f)	bri'tanya hagdola	בְּרִיטַנְיָה הַגְּדוֹלָה (נ)
Grecia (f)	yavan	יָוָן (נ)
Haití (m)	ha''iti	הָאִיטִי (נ)
Hungría (f)	hun'garya	הוּנְגַּרְיָה (נ)

India (f)	'hodu	הוֹדוּ (נ)
Indonesia (f)	indo'nezya	אִינְדּוֹנֶזְיָה (נ)
Inglaterra (f)	'angliya	אַנְגְּלִיָה (נ)
Irak (m)	irak	עִירָאק (נ)
Irán (m)	iran	אִירָן (נ)
Irlanda (f)	'irland	אִירְלַנְד (נ)
Islandia (f)	'island	אִיסְלַנְד (נ)
Islas (f pl) Bahamas	iyey ba'hama	אִיֵּי בָּהָאמָה (ז"ר)

| Israel (m) | yisra'el | יִשְׂרָאֵל (נ) |
| Italia (f) | i'talya | אִיטַלְיָה (נ) |

Jamaica (f)	dʒa'maika	גַ'מַיְיקָה (נ)
Japón (m)	yapan	יַפָּן (נ)
Jordania (f)	yarden	יַרְדֵּן (נ)

| Kazajstán (m) | kazaχstan | קַזַחְסְטָן (נ) |
| Kenia (f) | 'kenya | קֶנְיָה (נ) |

| Kirguizistán (m) | kirgizstan | קִירְגִּיזְסְטָן (נ) |
| Kuwait (m) | kuveit | כֻּוֵיית (נ) |

Laos (m)	la'os	לָאוֹס (נ)
Letonia (f)	'latviya	לַטְבִיָה (נ)
Líbano (m)	levanon	לְבָנוֹן (נ)
Libia (f)	luv	לוּב (נ)
Liechtenstein (m)	liχtenʃtain	לִיכְטֶנְשְׁטַיְין (נ)

| Lituania (f) | 'lita | לִיטָא (נ) |
| Luxemburgo (m) | luksemburg | לוּקְסֶמְבּוּרְג (נ) |

Macedonia	make'donya	מָקֶדוֹנְיָה (נ)
Madagascar (m)	madagaskar	מָדָגַּסְקָר (ז)
Malasia (f)	ma'lezya	מָלֶזְיָה (נ)
Malta (f)	'malta	מַלְטָה (נ)
Marruecos (m)	ma'roko	מָרוֹקוֹ (נ)
Méjico (m)	'meksiko	מֶקְסִיקוֹ (נ)
Moldavia (f)	mol'davya	מוֹלְדַבְיָה (נ)
Mónaco (m)	mo'nako	מוֹנָקוֹ (נ)
Mongolia (f)	mon'golya	מוֹנְגּוֹלִיָה (נ)
Montenegro (m)	monte'negro	מוֹנְטֶנְגְרוֹ (נ)
Myanmar (m)	miyanmar	מְיַאנְמָר (נ)

101. Los países. Unidad 3

Namibia (f)	na'mibya	נָמִיבִּיָה (נ)
Nepal (m)	nepal	נֶפָּאל (נ)
Noruega (f)	nor'vegya	נוֹרבֶגיָה (נ)
Nueva Zelanda (f)	nyu 'ziland	ניו זִילַנד (נ)
Países Bajos (m pl)	'holand	הוֹלַנד (נ)
Pakistán (m)	pakistan	פָּקִיסטָן (נ)
Palestina (f)	falastin	פָּלַסטִין (נ)
Panamá (f)	pa'nama	פָּנָמָה (נ)
Paraguay (m)	paragvai	פָּרָגוּאַי (נ)
Perú (m)	peru	פֶּרוּ (נ)
Polinesia (f) Francesa	poli'nezya hatsarfatit	פּוֹלִינֶזיָה הַצָרפָתִית (נ)
Polonia (f)	polin	פּוֹלִין (נ)
Portugal (m)	portugal	פּוֹרטוּגָל (נ)
República (f) Dominicana	hare'publika hadomeni'kanit	הָרֶפּוּבּלִיקָה הַדוֹמִינִיקָנִית (נ)
República (f) Sudafricana	drom 'afrika	דרוֹם אַפרִיקָה (נ)
Rumania (f)	ro'manya	רוֹמַניָה (נ)
Rusia (f)	'rusya	רוּסיָה (נ)
Senegal (m)	senegal	סֶנֶגָל (נ)
Serbia (f)	'serbya	סֶרבִּיָה (נ)
Siria (f)	'surya	סוּריָה (נ)
Suecia (f)	'ʃvedya	שבֶדיָה (נ)
Suiza (f)	'ʃvaits	שוַויץ (נ)
Surinam (m)	surinam	סוּרִינָאם (נ)
Tayikistán (m)	tadʒikistan	טָגִ'יקִיסטָן (נ)
Tailandia (f)	'tailand	תַאילַנד (נ)
Taiwán (m)	taivan	טַייוָן (נ)
Tanzania (f)	tan'zanya	טַנזַניָה (נ)
Tasmania (f)	tas'manya	טַסמַניָה (נ)
Túnez (m)	tu'nisya	טוּנִיסיָה (נ)
Turkmenistán (m)	turkmenistan	טוּרקמֶנִיסטָן (נ)
Turquía (f)	'turkiya	טוּרקִיָה (נ)
Ucrania (f)	uk'rayna	אוּקרָאִינָה (נ)
Uruguay (m)	urugvai	אוּרוּגוַואי (נ)
Uzbekistán (m)	uzbekistan	אוּזבֶּקִיסטָן (נ)
Vaticano (m)	vatikan	וָתִיקָן (ז)
Venezuela (f)	venetsu''ela	וֶנֶצוּאֶלָה (נ)
Vietnam (m)	vyetnam	וִייֶטנָאם (נ)
Zanzíbar (m)	zanzibar	זַנזִיבָּר (נ)

GLOSARIO
GASTRONÓMICO

Esta sección contiene una
gran cantidad de palabras y
términos asociados con la
comida. Este diccionario le hará
más fácil la comprensión
del menú de un restaurante y
la elección del plato adecuado

T&P Books Publishing

Español-Hebreo glosario gastronómico

¡Que aproveche!	betei'avon!	בְּתֵיאָבוֹן!
abrebotellas (m)	potχan bakbukim	פּוֹתְחַן בַּקְבּוּקִים (ז)
abrelatas (m)	potχan kufsa'ot	פּוֹתְחַן קוּפְסָאוֹת (ז)
aceite (m) de girasol	ʃemen χamaniyot	שֶׁמֶן חַמָּנִיּוֹת (ז)
aceite (m) de oliva	ʃemen 'zayit	שֶׁמֶן זַיִת (ז)
aceite (m) vegetal	ʃemen tsimχi	שֶׁמֶן צִמְחִי (ז)
agua (f)	'mayim	מַיִם (ז״ר)
agua (f) mineral	'mayim mine'raliyim	מַיִם מִינְרָלִיִּים (ז״ר)
agua (f) potable	mei ʃtiya	מֵי שְׁתִיָּה (ז״ר)
aguacate (m)	avo'kado	אָבוֹקָדוֹ (ז)
ahumado (adj)	me'uʃan	מְעוּשָּׁן
ajo (m)	ʃum	שׁוּם (ז)
albahaca (f)	reχan	רֵיחָן (ז)
albaricoque (m)	'miʃmeʃ	מִשְׁמֵשׁ (ז)
alcachofa (f)	artiʃok	אַרְטִישׁוֹק (ז)
alforfón (m)	ku'semet	כּוּסֶּמֶת (נ)
almendra (f)	ʃaked	שָׁקֵד (ז)
almuerzo (m)	aruχat tsaha'rayim	אֲרוּחַת צָהֳרַיִם (נ)
amargo (adj)	marir	מָרִיר
anís (m)	kamnon	כַּמְנוֹן (ז)
anguila (f)	tslofaχ	צְלוֹפָח (ז)
aperitivo (m)	maʃke meta'aven	מַשְׁקֶה מְתַאֲבֵן (ז)
apetito (m)	te'avon	תֵּיאָבוֹן (ז)
apio (m)	'seleri	סֶלֶרִי (ז)
arándano (m)	uχmanit	אוּכְמָנִית (נ)
arándano (m) agrio	χamutsit	חֲמוּצִית (נ)
arándano (m) rojo	uχmanit aduma	אוּכְמָנִית אֲדוּמָה (נ)
arenque (m)	ma'liaχ	מָלִיחַ (ז)
arroz (m)	'orez	אוֹרֶז (ז)
atún (m)	'tuna	טוּנָה (נ)
avellana (f)	egoz ilsar	אֱגוֹז אִלְסָר (ז)
avena (f)	ʃi'bolet ʃu'al	שִׁיבּוֹלֶת שׁוּעָל (נ)
azúcar (m)	sukar	סוּכָּר (ז)
azafrán (m)	ze'afran	זְעַפְרָן (ז)
azucarado, dulce (adj)	matok	מָתוֹק
bacalao (m)	ʃibut	שִׁיבּוּט (ז)
banana (f)	ba'nana	בַּנָנָה (נ)
bar (m)	bar, pab	בָּר, פָּאבּ (ז)
barman (m)	'barmen	בַּרְמֶן (ז)
batido (m)	'milkʃeik	מִילְקְשֵׁייק (ז)
baya (f)	garger	גַּרְגֵּר (ז)
bayas (f pl)	gargerim	גַּרְגְּרִים (ז״ר)
bebida (f) sin alcohol	maʃke kal	מַשְׁקֶה קַל (ז)
bebidas (f pl) alcohólicas	maʃka'ot χarifim	מַשְׁקָאוֹת חָרִיפִים (ז״ר)

beicon (m)	'kotel χazir	קוֹתֶל חֲזִיר (ז)
berenjena (f)	χatsil	חָצִיל (ז)
bistec (m)	umtsa, steik	אוּמְצָה (נ), סְטֵייק (ז)
bocadillo (m)	kariχ	כָּרִיךְ (ז)
boleto (m) áspero	pitriyat 'ya'ar	פִּטְרִיַּת יַעַר (נ)
boleto (m) castaño	pitriyat 'kova aduma	פִּטְרִיַּת כּוֹבַע אֲדוּמָה (נ)
brócoli (m)	'brokoli	בְּרוֹקוֹלִי (ז)
brema (f)	avroma	אַבְרוֹמָה (נ)
cóctel (m)	kokteil	קוֹקְטֵיל (ז)
caballa (f)	kolyas	קוֹלְיַס (ז)
cacahuete (m)	botnim	בּוֹטְנִים (ז״ר)
café (m)	kafe	קָפֶה (ז)
café (m) con leche	kafe hafuχ	קָפֶה הָפוּךְ (ז)
café (m) solo	kafe ʃaχor	קָפֶה שָׁחוֹר (ז)
café (m) soluble	kafe names	קָפֶה נָמֵס (ז)
calabacín (m)	kiʃu	קִישׁוּא (ז)
calabaza (f)	'dla'at	דְּלַעַת (נ)
calamar (m)	kala'mari	קָלָמָארִי (ז)
caldo (m)	marak tsaχ, tsir	מָרָק צַח, צִיר (ז)
caliente (adj)	χam	חַם
caloría (f)	ka'lorya	קָלוֹרְיָה (נ)
camarón (m)	ʃrimps	שְׁרִימְפְּס (ז״ר)
camarera (f)	meltsarit	מֶלְצָרִית (נ)
camarero (m)	meltsar	מֶלְצָר (ז)
canela (f)	kinamon	קִינָמוֹן (ז)
cangrejo (m) de mar	sartan yam	סַרְטָן יָם (ז)
capuchino (m)	kapu'tʃino	קָפּוּצִ׳ינוֹ (ז)
caramelo (m)	sukariya	סוּכָּרְיָיה (נ)
carbohidratos (m pl)	paχmema	פַּחְמֵימָה (נ)
carne (f)	basar	בָּשָׂר (ז)
carne (f) de carnero	basar 'keves	בָּשָׂר כֶּבֶשׂ (ז)
carne (f) de cerdo	basar χazir	בָּשָׂר חֲזִיר (ז)
carne (f) de ternera	basar 'egel	בָּשָׂר עֵגֶל (ז)
carne (f) de vaca	bakar	בָּקָר (ז)
carne (f) picada	basar taχun	בָּשָׂר טָחוּן (ז)
carpa (f)	karpiyon	קַרְפִּיוֹן (ז)
carta (f) de vinos	reʃimat yeynot	רְשִׁימַת יֵינוֹת (נ)
carta (f), menú (m)	tafrit	תַּפְרִיט (ז)
caviar (m)	kavyar	קָוְויָאר (ז)
caza (f) menor	'tsayid	צַיִד (ז)
cebada (f)	se'ora	שְׂעוֹרָה (נ)
cebolla (f)	batsal	בָּצָל (ז)
cena (f)	aruχat 'erev	אֲרוּחַת עֶרֶב (נ)
centeno (m)	ʃifon	שִׁיפוֹן (ז)
cereales (m pl)	dganim	דְּגָנִים (ז״ר)
cereales (m pl) integrales	grisim	גְּרִיסִים (ז״ר)
cereza (f)	gudgedan	גּוּדְגְּדָן (ז)
cerveza (f)	'bira	בִּירָה (נ)
cerveza (f) negra	'bira keha	בִּירָה כֵּהָה (נ)
cerveza (f) rubia	'bira bahira	בִּירָה בָּהִירָה (נ)
champaña (f)	ʃam'panya	שַׁמְפַּנְיָה (נ)
chicle (m)	'mastik	מַסְטִיק (ז)

chocolate (m)	'ʃokolad	שׁוֹקוֹלָד (ז)
cilantro (m)	'kusbara	כּוּסְבָּרָה (נ)
ciruela (f)	ʃezif	שְׁזִיף (ז)
clara (f)	χelbon	חֶלְבּוֹן (ז)
clavo (m)	tsi'poren	צִיפּוֹרֶן (ז)
coñac (m)	'konyak	קוֹנְיָאק (ז)
cocido en agua (adj)	mevuʃal	מְבוּשָׁל
cocina (f)	mitbaχ	מִטְבָּח (ז)
col (f)	kruv	כְּרוּב (ז)
col (f) de Bruselas	kruv nitsanim	כְּרוּב נִצָּנִים (ז)
coliflor (f)	kruvit	כְּרוּבִית (נ)
colmenilla (f)	gamtsuts	גַּמְצוּץ (ז)
comida (f)	'oχel	אֹכֶל (ז)
comino (m)	'kimel	קִימֶל (ז)
con gas	mugaz	מוּגָז
con hielo	im 'keraχ	עִם קֶרַח
condimento (m)	'rotev	רוֹטֶב (ז)
conejo (m)	arnav	אַרְנָב (ז)
confitura (f)	riba	רִיבָּה (נ)
confitura (f)	riba	רִיבָּה (נ)
congelado (adj)	kafu	קָפוּא
conservas (f pl)	ʃimurim	שִׁימּוּרִים (ז״ר)
copa (f) de vino	ga'vi'a	גָּבִיעַ (ז)
copos (m pl) de maíz	ptitei 'tiras	פְּתִיתֵי תִּירָס (ז״ר)
crema (f) de mantequilla	ka'tsefet χem'a	קַצֶּפֶת חֶמְאָה (נ)
crustáceos (m pl)	sartana'im	סַרְטָנָאִים (ז״ר)
cuchara (f)	kaf	כַּף (נ)
cuchara (f) de sopa	kaf	כַּף (נ)
cucharilla (f)	kapit	כַּפִּית (נ)
cuchillo (m)	sakin	סַכִּין (ז, נ)
cuenta (f)	χeʃbon	חֶשְׁבּוֹן (ז)
dátil (m)	tamar	תָּמָר (ז)
de chocolate (adj)	mi'ʃokolad	מִשּׁוֹקוֹלָד
desayuno (m)	aruχat 'boker	אֲרוּחַת בֹּקֶר (נ)
dieta (f)	di''eta	דִּיאֶטָה (נ)
eneldo (m)	ʃamir	שָׁמִיר (ז)
ensalada (f)	salat	סָלָט (ז)
entremés (m)	meta'aven	מְתַאֲבֵן (ז)
espárrago (m)	aspa'ragos	אַסְפָּרָגוֹס (ז)
espagueti (m)	spa'geti	סְפָּגֶטִי (ז)
especia (f)	tavlin	תַּבְלִין (ז)
espiga (f)	ʃi'bolet	שִׁיבּוֹלֶת (נ)
espinaca (f)	'tered	תֶּרֶד (ז)
esturión (m)	basar haχidkan	בְּשַׂר הַחִדְקָן (ז)
fletán (m)	putit	פּוּטִית (נ)
fréjol (m)	ʃu'it	שְׁעוּעִית (נ)
frío (adj)	kar	קַר
frambuesa (f)	'petel	פֶּטֶל (ז)
fresa (f)	tut sade	תּוּת שָׂדֶה (ז)
fresa (f) silvestre	tut 'ya'ar	תּוּת יַעַר (ז)
frito (adj)	metugan	מְטוּגָּן
fruto (m)	pri	פְּרִי (ז)

frutos (m pl)	perot	פֵּירוֹת (ז״ר)
gachas (f pl)	daysa	דַּייסָה (נ)
galletas (f pl)	ugiya	עוּגִייָה (נ)
gallina (f)	of	עוֹף (ז)
ganso (m)	avaz	אֲווָז (ז)
gaseoso (adj)	mugaz	מוּגָז
ginebra (f)	dʒin	ג׳ין (ז)
gofre (m)	'vaflim	וַפְלִים (ז״ר)
granada (f)	rimon	רִימוֹן (ז)
grano (m)	tvu'a	תְּבוּאָה (נ)
grasas (f pl)	ʃumanim	שׁוּמָנִים (ז״ר)
grosella (f) espinosa	χazarzar	חֲזַרְזַר (ז)
grosella (f) negra	dumdemanit ʃχora	דּוּמְדְּמָנִית שְׁחוֹרָה (נ)
grosella (f) roja	dumdemanit aduma	דּוּמְדְּמָנִית אֲדוּמָה (נ)
guarnición (f)	to'sefet	תּוֹסֶפֶת (נ)
guinda (f)	duvdevan	דּוּבְדְּבָן (ז)
guisante (m)	afuna	אֲפוּנָה (נ)
hígado (m)	kaved	כָּבֵד (ז)
habas (f pl)	pol	פּוֹל (ז)
hamburguesa (f)	'hamburger	הַמְבּוּרְגֶר (ז)
harina (f)	'kemaχ	קֶמַח (ז)
helado (m)	'glida	גְּלִידָה (נ)
hielo (m)	'keraχ	קֶרַח (ז)
higo (m)	te'ena	תְּאֵנָה (נ)
hoja (f) de laurel	ale dafna	עֲלֵה דַפְנָה (ז)
huevo (m)	beitsa	בֵּיצָה (נ)
huevos (m pl)	beitsim	בֵּיצִים (נ״ר)
huevos (m pl) fritos	beitsat ain	בֵּיצַת עַיִן (נ)
jamón (m)	basar χazir me'uʃan	בְּשַׂר חֲזִיר מְעוּשָׁן (ז)
jamón (m) fresco	'kotel χazir me'uʃan	קוֹתֶל חֲזִיר מְעוּשָׁן (ז)
jengibre (m)	'dʒindʒer	ג׳ינְג׳ֶר (ז)
jugo (m) de tomate	mits agvaniyot	מִיץ עַגְבָנִיּוֹת (ז)
kiwi (m)	'kivi	קִיווִי (ז)
langosta (f)	'lobster kotsani	לוֹבְּסְטֶר קוֹצָנִי (ז)
leche (f)	χalav	חָלָב (ז)
leche (f) condensada	χalav merukaz	חָלָב מְרוּכָּז (ז)
lechuga (f)	'χasa	חַסָה (נ)
legumbres (f pl)	yerakot	יְרָקוֹת (ז״ר)
lengua (f)	laʃon	לָשׁוֹן (נ)
lenguado (m)	dag moʃe ra'benu	דָּג מֹשֶׁה רַבֵּנוּ (ז)
lenteja (f)	adaʃim	עֲדָשִׁים (נ״ר)
licor (m)	liker	לִיקֶר (ז)
limón (m)	limon	לִימוֹן (ז)
limonada (f)	limo'nada	לִימוֹנָדָה (נ)
loncha (f)	prusa	פְּרוּסָה (נ)
lucio (m)	ze'ev 'mayim	זְאֵב מַיִם (ז)
lucioperca (f)	amnun	אַמְנוּן (ז)
maíz (m)	'tiras	תִּירָס (ז)
maíz (m)	'tiras	תִּירָס (ז)
macarrones (m pl)	'pasta	פַּסְטָה (נ)
mandarina (f)	klemen'tina	קְלֶמֶנְטִינָה (נ)
mango (m)	'mango	מַנְגּוֹ (ז)

mantequilla (f)	χem'a	חֶמְאָה (נ)
manzana (f)	ta'puaχ	תַּפּוּחַ (ז)
margarina (f)	marga'rina	מַרְגָּרִינָה (נ)
marinado (adj)	kavuʃ	כָּבוּש
mariscos (m pl)	perot yam	פֵּירוֹת יָם (ז״ר)
matamoscas (m)	zvuvanit	זְבוּבָנִית (נ)
mayonesa (f)	mayonez	מַיוֹנֵז (ז)
melón (m)	melon	מֶלוֹן (ז)
melocotón (m)	afarsek	אֲפַרְסֵק (ז)
mermelada (f)	marme'lada	מַרְמֶלָדָה (נ)
miel (f)	dvaʃ	דְבַש (ז)
miga (f)	perur	פֵּירוּר (ז)
mijo (m)	'doχan	דוֹחַן (ז)
mini tarta (f)	uga	עוּגָה (נ)
mondadientes (m)	keisam ʃi'nayim	קֵיסַם שִׁינַיִים (ז)
mostaza (f)	χardal	חַרְדָל (ז)
nabo (m)	'lefet	לֶפֶת (נ)
naranja (f)	tapuz	תָּפוּז (ז)
nata (f) agria	ʃa'menet	שַׁמֶנֶת (נ)
nata (f) líquida	ʃa'menet	שַׁמֶנֶת (נ)
nuez (f)	egoz 'meleχ	אֱגוֹז מֶלֶךְ (ז)
nuez (f) de coco	'kokus	קוֹקוּס (ז)
olivas, aceitunas (f pl)	zeitim	זֵיתִים (ז״ר)
oronja (f) verde	pitriya ra'ila	פִּטְרִיָה רָעִילָה (נ)
ostra (f)	tsidpat ma'aχal	צִדְפַּת מַאֲכָל (נ)
pan (m)	'leχem	לֶחֶם (ז)
papaya (f)	pa'paya	פַּפָּאיָה (נ)
paprika (f)	'paprika	פַּפְּרִיקָה (נ)
pasas (f pl)	tsimukim	צִימוּקִים (ז״ר)
pasteles (m pl)	mutsrei kondi'torya	מוּצְרֵי קוֹנְדִיטוֹרְיָה (ז״ר)
paté (m)	pate	פָּטֶה (ז)
patata (f)	ta'puaχ adama	תַּפּוּחַ אֲדָמָה (ז)
pato (m)	barvaz	בַּרְוָוז (ז)
pava (f)	'hodu	הוֹדוּ (ז)
pedazo (m)	χatiχa	חֲתִיכָה (נ)
pepino (m)	melafefon	מְלָפְפוֹן (ז)
pera (f)	agas	אַגָס (ז)
perca (f)	'okunus	אוֹקוּנוּס (ז)
perejil (m)	petro'zilya	פֶּטְרוֹזִילְיָה (נ)
pescado (m)	dag	דָג (ז)
piña (f)	'ananas	אֲנָנָס (ז)
piel (f)	klipa	קְלִיפָּה (נ)
pimienta (f) negra	'pilpel ʃaχor	פִּלְפֵּל שָחוֹר (ז)
pimienta (f) roja	'pilpel adom	פִּלְפֵּל אָדוֹם (ז)
pimiento (m) dulce	'pilpel	פִּלְפֵּל (ז)
pistachos (m pl)	'fistuk	פִּיסְטוּק (ז)
pizza (f)	'pitsa	פִּיצָה (נ)
platillo (m)	taχtit	תַחְתִית (נ)
plato (m)	mana	מָנָה (נ)
plato (m)	tsa'laχat	צַלַחַת (נ)
pomelo (m)	eʃkolit	אֶשְׁכּוֹלִית (נ)
porción (f)	mana	מָנָה (נ)

postre (m)	ki'nuax	קִינּוּחַ (ז)
propina (f)	tip	טִיפּ (ז)
proteínas (f pl)	xelbonim	חֶלְבּוֹנִים (ז"ר)
pudin (m)	'puding	פּוּדִינְג (ז)
puré (m) de patatas	mexit tapuxei adama	מְחִית תַּפּוּחֵי אֲדָמָה (נ)
queso (m)	gvina	גְּבִינָה (נ)
rábano (m)	tsnonit	צְנוֹנִית (נ)
rábano (m) picante	xa'zeret	חֲזֶרֶת (נ)
rúsula (f)	xarifit	חֲרִיפִית (נ)
rebozuelo (m)	gvi'onit ne'e'xelet	גְּבִיעוֹנִית נֶאֱכֶלֶת (נ)
receta (f)	matkon	מַתְכּוֹן (ז)
refresco (m)	maʃke mera'anen	מַשְׁקֶה מְרַעֲנֵן (ז)
regusto (m)	'ta'am levai	טַעַם לְוַואי (ז)
relleno (m)	milui	מִילּוּי (ז)
remolacha (f)	'selek	סֶלֶק (ז)
ron (m)	rom	רוֹם (ז)
sésamo (m)	'ʃumʃum	שׁוּמְשׁוֹם (ז)
sabor (m)	'ta'am	טַעַם (ז)
sabroso (adj)	ta'im	טָעִים
sacacorchos (m)	maxlets	מַחְלֵץ (ז)
sal (f)	'melax	מֶלַח (ז)
salado (adj)	ma'luax	מָלוּחַ
salchichón (m)	naknik	נַקְנִיק (ז)
salchicha (f)	naknikiya	נַקְנִיקִיָּה (נ)
salmón (m)	'salmon	סַלְמוֹן (ז)
salmón (m) del Atlántico	iltit	אִילְתִּית (נ)
salsa (f)	'rotev	רוֹטֶב (ז)
sandía (f)	ava'tiax	אֲבַטִּיחַ (ז)
sardina (f)	sardin	סַרְדִּין (ז)
seco (adj)	meyubaʃ	מְיוּבָּשׁ
seta (f)	pitriya	פִּטְרִיָּה (נ)
seta (f) comestible	pitriya ra'uya lema'axal	פִּטְרִיָּה רְאוּיָה לְמַאֲכָל
seta (f) venenosa	pitriya ra'ila	פִּטְרִיָּה רְעִילָה (נ)
seta calabaza (f)	por'tʃini	פּוֹרְצִ׳ינִי (ז)
siluro (m)	sfamnun	שְׂפַמְנוּן (ז)
sin alcohol	natul alkohol	נָטוּל אַלְכּוֹהוֹל
sin gas	lo mugaz	לֹא מוּגָז
sopa (f)	marak	מָרָק (ז)
soya (f)	'soya	סוֹיָה (נ)
té (m)	te	תֵּה (ז)
té (m) negro	te ʃaxor	תֵּה שָׁחוֹר (ז)
té (m) verde	te yarok	תֵּה יָרוֹק (ז)
tallarines (m pl)	irtiyot	אִטְרִיּוֹת (נ"ר)
tarta (f)	uga	עוּגָה (נ)
tarta (f)	pai	פָּאי (ז)
taza (f)	'sefel	סֵפֶל (ז)
tenedor (m)	mazleg	מַזְלֵג (ז)
tiburón (m)	kariʃ	כָּרִישׁ (ז)
tomate (m)	agvaniya	עַגְבָנִיָּה (נ)
tortilla (f) francesa	xavita	חֲבִיתָה (נ)
trigo (m)	xita	חִיטָּה (נ)
trucha (f)	forel	פּוֹרֶל (ז)

uva (f)	anavim	עֲנָבִים (ז״ר)
vaso (m)	kos	כּוֹס (נ)
vegetariano (adj)	tsimχoni	צִמְחוֹנִי
vegetariano (m)	tsimχoni	צִמְחוֹנִי (ז)
verduras (f pl)	'yerek	יָרָק (ז)
vermú (m)	'vermut	וֶרמוֹט (ז)
vinagre (m)	'χomets	חוֹמֶץ (ז)
vino (m)	'yayin	יַיִן (ז)
vino (m) blanco	'yayin lavan	יַיִן לָבָן (ז)
vino (m) tinto	'yayin adom	יַיִן אָדוֹם (ז)
vitamina (f)	vitamin	וִיטָמִין (ז)
vodka (m)	'vodka	ווֹדקָה (נ)
whisky (m)	'viski	וִיסקִי (ז)
yema (f)	χelmon	חֶלמוֹן (ז)
yogur (m)	'yogurt	יוֹגוּרט (ז)
zanahoria (f)	'gezer	גֶזֶר (ז)
zarzamoras (f pl)	'petel ʃaχor	פֶּטֶל שָׁחוֹר (ז)
zumo (m) de naranja	mits tapuzim	מִיץ תַפּוּזִים (ז)
zumo (m) fresco	mits saχut	מִיץ סָחוּט (ז)
zumo (m), jugo (m)	mits	מִיץ (ז)

Hebreo-Español glosario gastronómico

תַחְתִית (נ)	taχtit	platillo (m)
כּוֹס (נ)	kos	vaso (m)
גָבִיעַ (ז)	ga'viʿa	copa (f) de vino
בָּשָׂר (ז)	basar	carne (f)
עוֹף (ז)	of	gallina (f)
בַּרוָז (ז)	barvaz	pato (m)
אָווָז (ז)	avaz	ganso (m)
צַיִד (ז)	'ʦayid	caza (f) menor
הוֹדוּ (ז)	'hodu	pava (f)
בְּשַׂר חֲזִיר (ז)	basar χazir	carne (f) de cerdo
בְּשַׂר עֵגֶל (ז)	basar 'egel	carne (f) de ternera
בְּשַׂר כֶּבֶשׂ (ז)	basar 'keves	carne (f) de carnero
בָּקָר (ז)	bakar	carne (f) de vaca
אַרנָב (ז)	arnav	conejo (m)
נַקנִיק (ז)	naknik	salchichón (m)
נַקנִיקִיָה (נ)	naknikiya	salchicha (f)
קוֹתֶל חֲזִיר (ז)	'kotel χazir	beicon (m)
בְּשַׂר חֲזִיר מְעוּשָׁן (ז)	basar χazir meʿuʃan	jamón (m)
קוֹתֶל חֲזִיר מְעוּשָׁן (ז)	'kotel χazir meʿuʃan	jamón (m) fresco
פָּטֶה (ז)	pate	paté (m)
כָּבֵד (ז)	kaved	hígado (m)
בָּשָׂר טָחוּן (ז)	basar taχun	carne (f) picada
לָשׁוֹן (נ)	laʃon	lengua (f)
בֵּיצָה (נ)	beiʦa	huevo (m)
בֵּיצִים (נ"ר)	beiʦim	huevos (m pl)
חֶלבּוֹן (ז)	χelbon	clara (f)
חֶלמוֹן (ז)	χelmon	yema (f)
דָג (ז)	dag	pescado (m)
פֵּירוֹת יָם (ז"ר)	perot yam	mariscos (m pl)
קַוויָאר (ז)	kavyar	caviar (m)
סַרטָן יָם (ז)	sartan yam	cangrejo (m) de mar
שְׁרִימפּס (ז"ר)	ʃrimps	camarón (m)
צִדפַּת מַאֲכָל (נ)	ʦidpat maʾaχal	ostra (f)
לוֹבּסטֶר קוֹצָנִי (ז)	'lobster koʦani	langosta (f)
קָלָמָארִי (ז)	kala'mari	calamar (m)
בְּשַׂר הַחִדקָן (ז)	basar haχidkan	esturión (m)
סַלמוֹן (ז)	'salmon	salmón (m)
פּוּטִית (נ)	putit	fletán (m)
שִׁיבּוּט (ז)	ʃibut	bacalao (m)
קוֹלִיָיס (ז)	kolyas	caballa (f)
טוּנָה (נ)	'tuna	atún (m)
צְלוֹפָח (ז)	tslofaχ	anguila (f)
פוֹרֶל (ז)	forel	trucha (f)
סַרדִין (ז)	sardin	sardina (f)

זְאֵב מַיִם (ז)	ze'ev 'mayim	lucio (m)
מָלִיחַ (ז)	ma'liaχ	arenque (m)
לֶחֶם (ז)	'leχem	pan (m)
גְּבִינָה (נ)	gvina	queso (m)
סוּכָּר (ז)	sukar	azúcar (m)
מֶלַח (ז)	'melaχ	sal (f)
אוֹרֶז (ז)	'orez	arroz (m)
פַּסְטָה (נ)	'pasta	macarrones (m pl)
אִטְרִיּוֹת (נ״ר)	irtiyot	tallarines (m pl)
חֶמְאָה (נ)	χem'a	mantequilla (f)
שֶׁמֶן צִמְחִי (ז)	'ʃemen tsimχi	aceite (m) vegetal
שֶׁמֶן חַמָּנִיּוֹת (ז)	'ʃemen χamaniyot	aceite (m) de girasol
מַרְגָּרִינָה (נ)	marga'rina	margarina (f)
זֵיתִים (ז״ר)	zeitim	olivas, aceitunas (f pl)
שֶׁמֶן זַיִת (ז)	'ʃemen 'zayit	aceite (m) de oliva
חָלָב (ז)	χalav	leche (f)
חָלָב מְרוּכָּז (ז)	χalav merukaz	leche (f) condensada
יוֹגוּרְט (ז)	'yogurt	yogur (m)
שַׁמֶּנֶת (נ)	ʃa'menet	nata (f) agria
שַׁמֶּנֶת (נ)	ʃa'menet	nata (f) líquida
מָיוֹנֵז (ז)	mayonez	mayonesa (f)
קַצֶּפֶת חֶמְאָה (נ)	ka'tsefet χem'a	crema (f) de mantequilla
גְּרִיסִים (ז״ר)	grisim	cereales (m pl) integrales
קֶמַח (ז)	'kemaχ	harina (f)
שִׁימוּרִים (ז״ר)	ʃimurim	conservas (f pl)
פְּתִיתֵי תִּירָס (ז״ר)	ptitei 'tiras	copos (m pl) de maíz
דְּבַשׁ (ז)	dvaʃ	miel (f)
רִיבָּה (נ)	riba	confitura (f)
מַסְטִיק (ז)	'mastik	chicle (m)
מַיִם (ז״ר)	'mayim	agua (f)
מֵי שְׁתִיָּה (ז״ר)	mei ʃtiya	agua (f) potable
מַיִם מִינֶרָלִיִּים (ז״ר)	'mayim mine'raliyim	agua (f) mineral
לֹא מוּגָז	lo mugaz	sin gas
מוּגָז	mugaz	gaseoso (adj)
מוּגָז	mugaz	con gas
קֶרַח (ז)	'keraχ	hielo (m)
עִם קֶרַח	im 'keraχ	con hielo
נְטוּל אַלְכּוֹהוֹל	natul alkohol	sin alcohol
מַשְׁקֶה קַל (ז)	maʃke kal	bebida (f) sin alcohol
מַשְׁקֶה מְרַעֲנֵן (ז)	maʃke mera'anen	refresco (m)
לִימוֹנָדָה (נ)	limo'nada	limonada (f)
מַשְׁקָאוֹת חָרִיפִים (ז״ר)	maʃka'ot χarifim	bebidas (f pl) alcohólicas
יַיִן (ז)	'yayin	vino (m)
יַיִן לָבָן (ז)	'yayin lavan	vino (m) blanco
יַיִן אָדוֹם (ז)	'yayin adom	vino (m) tinto
לִיקֵר (ז)	liker	licor (m)
שַׁמְפַּנְיָה (נ)	ʃam'panya	champaña (f)
וֶרְמוֹט (ז)	'vermut	vermú (m)
וִיסְקִי (ז)	'viski	whisky (m)
וּוֹדְקָה (נ)	'vodka	vodka (m)
גִ'ין (ז)	dʒin	ginebra (f)
קוֹנְיָאק (ז)	'konyak	coñac (m)

רוֹם (ז)	rom	ron (m)
קָפֶה (ז)	kafe	café (m)
קָפֶה שָׁחוֹר (ז)	kafe ʃaχor	café (m) solo
קָפֶה הָפוּך (ז)	kafe hafuχ	café (m) con leche
קַפּוּצִ׳ינוֹ (ז)	kapu'tʃino	capuchino (m)
קָפֶה נָמֵס (ז)	kafe names	café (m) soluble
קוֹקְטֵיל (ז)	kokteil	cóctel (m)
מִילְקְשֵׁייק (ז)	'milkʃeik	batido (m)
מִיץ (ז)	mits	zumo (m), jugo (m)
מִיץ עַגְבָנִיוֹת (ז)	mits agvaniyot	jugo (m) de tomate
מִיץ תַּפּוּזִים (ז)	mits tapuzim	zumo (m) de naranja
מִיץ סָחוּט (ז)	mits saχut	zumo (m) fresco
בִּירָה (נ)	'bira	cerveza (f)
בִּירָה בָּהִירָה (נ)	'bira bahira	cerveza (f) rubia
בִּירָה כֵּהָה (נ)	'bira keha	cerveza (f) negra
תֵּה (ז)	te	té (m)
תֵּה שָׁחוֹר (ז)	te ʃaχor	té (m) negro
תֵּה יָרוֹק (ז)	te yarok	té (m) verde
יְרָקוֹת (ז״ר)	yerakot	legumbres (f pl)
יֶרֶק (ז)	'yerek	verduras (f pl)
עַגְבָנִיָּה (נ)	agvaniya	tomate (m)
מְלָפְפוֹן (ז)	melafefon	pepino (m)
גֶּזֶר (ז)	'gezer	zanahoria (f)
תַּפּוּחַ אֲדָמָה (ז)	ta'puaχ adama	patata (f)
בָּצָל (ז)	batsal	cebolla (f)
שׁוּם (ז)	ʃum	ajo (m)
כְּרוּב (ז)	kruv	col (f)
כְּרוּבִית (נ)	kruvit	coliflor (f)
כְּרוּב נִצָּנִים (ז)	kruv nitsanim	col (f) de Bruselas
בְּרוֹקוֹלִי (ז)	'brokoli	brócoli (m)
סֶלֶק (ז)	'selek	remolacha (f)
חָצִיל (ז)	χatsil	berenjena (f)
קִישׁוּא (ז)	kiʃu	calabacín (m)
דְּלַעַת (נ)	'dla'at	calabaza (f)
לֶפֶת (נ)	'lefet	nabo (m)
פֶּטְרוֹזִילְיָה (נ)	petro'zilya	perejil (m)
שָׁמִיר (ז)	ʃamir	eneldo (m)
חַסָּה (נ)	'χasa	lechuga (f)
סֶלֶרִי (ז)	'seleri	apio (m)
אַסְפָּרָגוּס (ז)	aspa'ragos	espárrago (m)
תֶּרֶד (ז)	'tered	espinaca (f)
אֲפוּנָה (נ)	afuna	guisante (m)
פּוֹל (ז)	pol	habas (f pl)
תִּירָס (ז)	'tiras	maíz (m)
שְׁעוּעִית (נ)	ʃu'it	fréjol (m)
פִּלְפֵּל (ז)	'pilpel	pimiento (m) dulce
צְנוֹנִית (נ)	tsnonit	rábano (m)
אַרְטִישׁוֹק (ז)	artiʃok	alcachofa (f)
פְּרִי (ז)	pri	fruto (m)
תַּפּוּחַ (ז)	ta'puaχ	manzana (f)
אַגָּס (ז)	agas	pera (f)
לִימוֹן (ז)	limon	limón (m)

תַּפּוּז (ז)	tapuz	naranja (f)
תּוּת שָׂדֶה (ז)	tut sade	fresa (f)
קְלֶמֶנְטִינָה (נ)	klemen'tina	mandarina (f)
שְׁזִיף (ז)	ʃezif	ciruela (f)
אֲפַרְסֵק (ז)	afarsek	melocotón (m)
מִשְׁמֵשׁ (ז)	'miʃmeʃ	albaricoque (m)
פֶּטֶל (ז)	'petel	frambuesa (f)
אֲנָנָס (ז)	'ananas	piña (f)
בַּנָנָה (נ)	ba'nana	banana (f)
אֲבַטִּיחַ (ז)	ava'tiaχ	sandía (f)
עֲנָבִים (ז״ר)	anavim	uva (f)
מֶלוֹן (ז)	melon	melón (m)
אֶשְׁכּוֹלִית (נ)	eʃkolit	pomelo (m)
אָבוֹקָדוֹ (ז)	avo'kado	aguacate (m)
פַּפָּאיָה (נ)	pa'paya	papaya (f)
מַנְגּוֹ (ז)	'mango	mango (m)
רִימוֹן (ז)	rimon	granada (f)
דּוּמְדְּמָנִית אֲדוּמָה (נ)	dumdemanit aduma	grosella (f) roja
דּוּמְדְּמָנִית שְׁחוֹרָה (נ)	dumdemanit ʃχora	grosella (f) negra
חֲזַרְזַר (ז)	χazarzar	grosella (f) espinosa
אוּכְמָנִית (נ)	uχmanit	arándano (m)
פֶּטֶל שָׁחוֹר (ז)	'petel ʃaχor	zarzamoras (f pl)
צִימוּקִים (ז״ר)	tsimukim	pasas (f pl)
תְּאֵנָה (נ)	te'ena	higo (m)
תָּמָר (ז)	tamar	dátil (m)
בּוֹטְנִים (ז״ר)	botnim	cacahuete (m)
שָׁקֵד (ז)	ʃaked	almendra (f)
אֱגוֹז מֶלֶךְ (ז)	egoz 'meleχ	nuez (f)
אֱגוֹז אִלְסָר (ז)	egoz ilsar	avellana (f)
קוֹקוּס (ז)	'kokus	nuez (f) de coco
פִּיסְטוּק (ז)	'fistuk	pistachos (m pl)
מוּצְרֵי קוֹנְדִּיטוֹרְיָה (ז״ר)	mutsrei kondi'torya	pasteles (m pl)
עוּגִיָּה (נ)	ugiya	galletas (f pl)
שׁוֹקוֹלָד (ז)	'ʃokolad	chocolate (m)
מְשׁוֹקוֹלָד	mi'ʃokolad	de chocolate (adj)
סוּכָּרִיָּה (נ)	sukariya	caramelo (m)
עוּגָה (נ)	uga	mini tarta (f)
עוּגָה (נ)	uga	tarta (f)
פָּאי (ז)	pai	tarta (f)
מִילוּי (ז)	milui	relleno (m)
רִיבָּה (נ)	riba	confitura (f)
מַרְמְלָדָה (נ)	marme'lada	mermelada (f)
וָפְלִים (ז״ר)	'vaflim	gofre (m)
גְלִידָה (נ)	'glida	helado (m)
מָנָה (נ)	mana	plato (m)
מִטְבָּח (ז)	mitbaχ	cocina (f)
מַתְכּוֹן (ז)	matkon	receta (f)
מָנָה (נ)	mana	porción (f)
סָלָט (ז)	salat	ensalada (f)
מָרָק (ז)	marak	sopa (f)
מָרָק צַח, צִיר (ז)	marak tsaχ, tsir	caldo (m)
כָּרִיךְ (ז)	kariχ	bocadillo (m)

בֵּיצַת עַיִן (נ)	beitsat ain	huevos (m pl) fritos
הַמְבּוּרְגֶר (ז)	'hamburger	hamburguesa (f)
אוּמְצָה (נ), סְטֵייק (ז)	umtsa, steik	bistec (m)
תּוֹסֶפֶת (נ)	to'sefet	guarnición (f)
סְפָּגֶטִי (ז)	spa'geti	espagueti (m)
מְחִית תַּפּוּחֵי אֲדָמָה (נ)	meχit tapuχei adama	puré (m) de patatas
פִּיצָה (נ)	'pitsa	pizza (f)
דַייסָה (נ)	daysa	gachas (f pl)
חֲבִיתָה (נ)	χavita	tortilla (f) francesa
מְבוּשָל	mevuʃal	cocido en agua (adj)
מְעוּשָן	me'uʃan	ahumado (adj)
מְטוּגָּן	metugan	frito (adj)
מְיוּבָּש	meyubaʃ	seco (adj)
קָפוּא	kafu	congelado (adj)
כָּבוּש	kavuʃ	marinado (adj)
מָתוֹק	matok	azucarado, dulce (adj)
מָלוּחַ	ma'luaχ	salado (adj)
קַר	kar	frío (adj)
חַם	χam	caliente (adj)
מָרִיר	marir	amargo (adj)
טָעִים	ta'im	sabroso (adj)
קְלִיפָּה (נ)	klipa	piel (f)
פִּלְפֵּל שָחוֹר (ז)	'pilpel ʃaχor	pimienta (f) negra
פִּלְפֵּל אָדוֹם (ז)	'pilpel adom	pimienta (f) roja
חַרְדָל (ז)	χardal	mostaza (f)
חֲזֶרֶת (נ)	χa'zeret	rábano (m) picante
רוֹטֶב (ז)	'rotev	condimento (m)
תַבְלִין (ז)	tavlin	especia (f)
רוֹטֶב (ז)	'rotev	salsa (f)
חוֹמֶץ (ז)	'χomets	vinagre (m)
כַּמְנוֹן (ז)	kamnon	anís (m)
רֵיחָן (ז)	reχan	albahaca (f)
צִיפּוֹרֶן (ז)	tsi'poren	clavo (m)
ג'ִינגֶ'ר (ז)	'dʒindʒer	jengibre (m)
כּוּסְבָּרָה (נ)	'kusbara	cilantro (m)
קִינָמוֹן (ז)	kinamon	canela (f)
שוּמְשוּם (ז)	'ʃumʃum	sésamo (m)
עָלֶה דַפְנָה (ז)	ale dafna	hoja (f) de laurel
פַּפְּרִיקָה (נ)	'paprika	paprika (f)
קִימָל (ז)	'kimel	comino (m)
זַעֲפְרָן (ז)	ze'afran	azafrán (m)
אוֹכֶל (ז)	'oχel	comida (f)
אֲרוּחַת בּוֹקֶר (נ)	aruχat 'boker	desayuno (m)
אֲרוּחַת צָהֳרַיִים (נ)	aruχat tsaha'rayim	almuerzo (m)
אֲרוּחַת עֶרֶב (נ)	aruχat 'erev	cena (f)
תֵיאָבוֹן (ז)	te'avon	apetito (m)
בְּתֵיאָבוֹן!	betei'avon!	¡Que aproveche!
טַעַם (ז)	'ta'am	sabor (m)
טַעַם לְוַואי (ז)	'ta'am levai	regusto (m)
דִיאָטָה (נ)	di''eta	dieta (f)
וִיטָמִין (ז)	vitamin	vitamina (f)
קָלוֹרִיָה (נ)	ka'lorya	caloría (f)

צִמְחוֹנִי (ז)	tsimχoni	vegetariano (m)
צִמְחוֹנִי	tsimχoni	vegetariano (adj)
שׁוּמָנִים (ז"ר)	ʃumanim	grasas (f pl)
חֶלְבּוֹנִים (ז"ר)	χelbonim	proteínas (f pl)
פַּחמֵימָה (נ)	paχmema	carbohidratos (m pl)
פְּרוּסָה (נ)	prusa	loncha (f)
חֲתִיכָה (נ)	χatiχa	pedazo (m)
פֵּירוּר (ז)	perur	miga (f)
כַּף (נ)	kaf	cuchara (f)
סַכִּין (ז, נ)	sakin	cuchillo (m)
מַזלֵג (ז)	mazleg	tenedor (m)
סֵפֶל (ז)	'sefel	taza (f)
צַלַחַת (נ)	tsa'laχat	plato (m)
קֵיסָם שִׁינַיִים (ז)	keisam ʃi'nayim	mondadientes (m)
בָּר, פָּאבּ (ז)	bar, pab	bar (m)
מֶלצָר (ז)	meltsar	camarero (m)
מֶלצָרִית (נ)	meltsarit	camarera (f)
בַּרמֶן (ז)	'barmen	barman (m)
תַּפרִיט (ז)	tafrit	carta (f), menú (m)
רְשִׁימַת יֵינוֹת (נ)	reʃimat yeynot	carta (f) de vinos
מַשׁקֶה מְתַאֲבֵן (ז)	maʃke meta'aven	aperitivo (m)
מְתַאֲבֵן (ז)	meta'aven	entremés (m)
קִינּוּחַ (ז)	ki'nuaχ	postre (m)
חֶשׁבּוֹן (ז)	χeʃbon	cuenta (f)
טִיפּ (ז)	tip	propina (f)
כַּפִּית (נ)	kapit	cucharilla (f)
כַּף (נ)	kaf	cuchara (f) de sopa
פּוֹתחָן בַּקבּוּקִים (ז)	potχan bakbukim	abrebotellas (m)
פּוֹתחָן קוּפסָאוֹת (ז)	potχan kufsa'ot	abrelatas (m)
מַחלֵץ (ז)	maχlets	sacacorchos (m)
אַברוֹמָה (נ)	avroma	brema (f)
קַרפְּיוֹן (ז)	karpiyon	carpa (f)
אוֹקוּנוּס (ז)	'okunus	perca (f)
שְׂפַמנוּן (ז)	sfamnun	siluro (m)
אִילתִית (נ)	iltit	salmón (m) del Atlántico
דָג מֹשֶׁה רַבֵּנוּ (ז)	dag moʃe ra'benu	lenguado (m)
אַמנוּן (ז)	amnun	lucioperca (f)
כָּרִישׁ (ז)	kariʃ	tiburón (m)
פִּטרִיָּה (נ)	pitriya	seta (f)
פִּטרִיָּה רְאוּיָה לְמַאֲכָל	pitriya ra'uya lema'aχal	seta (f) comestible
פִּטרִיָּה רְעִילָה (נ)	pitriya ra'ila	seta (f) venenosa
פּוֹרצִ'ינִי (ז)	por'tʃini	seta calabaza (f)
פִּטרִיַּת כּוֹבַע אֲדוּמָה (נ)	pitriyat 'kova aduma	boleto (m) castaño
פִּטרִיַּת יַעַר (נ)	pitriyat 'ya'ar	boleto (m) áspero
גְּבִיעוֹנִית נֶאֱכֶלֶת (נ)	gvi'onit ne'e'χelet	rebozuelo (m)
חֲרִיפִית (נ)	χarifit	rúsula (f)
גַּמצוּץ (ז)	gamtsuts	colmenilla (f)
זְבוּבָנִית (נ)	zvuvanit	matamoscas (m)
פִּטרִיָּה רְעִילָה (נ)	pitriya ra'ila	oronja (f) verde
פֵּירוֹת (ז"ר)	perot	frutos (m pl)
חֲמוּצִית (נ)	χamutsit	arándano (m) agrio
קִיוּוִי (ז)	'kivi	kiwi (m)

גַּרְגֵּר (ז)	garger	baya (f)
גַּרְגְּרִים (ז״ר)	gargerim	bayas (f pl)
אוּכְמָנִית אֲדוּמָה (נ)	uxmanit aduma	arándano (m) rojo
תּוּת יַעַר (ז)	tut 'ya'ar	fresa (f) silvestre
תְּבוּאָה (נ)	tvu'a	grano (m)
דְּגָנִים (ז״ר)	dganim	cereales (m pl)
שִׁיבּוֹלֶת (נ)	ʃi'bolet	espiga (f)
חִיטָּה (נ)	xita	trigo (m)
שִׁיפוֹן (ז)	ʃifon	centeno (m)
שִׁיבּוֹלֶת שׁוּעָל (נ)	ʃi'bolet ʃu'al	avena (f)
דּוֹחַן (ז)	'doxan	mijo (m)
שְׂעוֹרָה (נ)	se'ora	cebada (f)
תִּירָס (ז)	'tiras	maíz (m)
כּוּסֶמֶת (נ)	ku'semet	alforfón (m)
סוֹיָה (נ)	'soya	soya (f)
עֲדָשִׁים (נ״ר)	adaʃim	lenteja (f)
סַרְטָנָאִים (ז״ר)	sartana'im	crustáceos (m pl)
דּוּבְדְּבָן (ז)	duvdevan	guinda (f)
גּוּדְגְּדָן (ז)	gudgedan	cereza (f)
פּוּדִינג (ז)	'puding	pudin (m)

217